まちごとチャイナ

# Chongqing 002 Chongqing City
# 重慶市街
## 「崖の上」の摩天楼へ

Asia City Guide Production

## 【白地図】重慶と西南中国

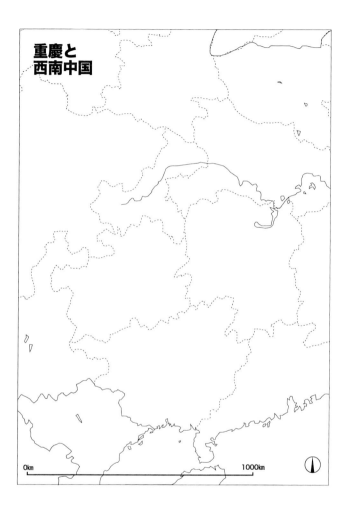

## 【白地図】重慶

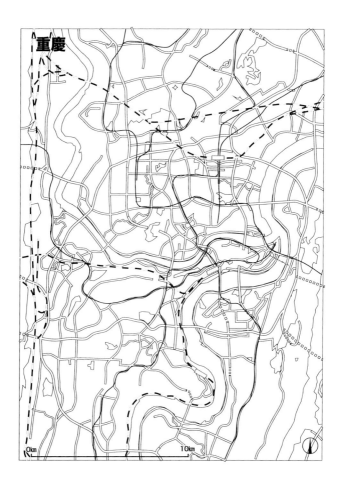

## 【白地図】重慶市街

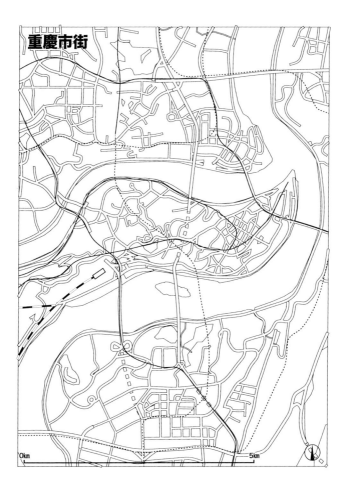

## 【白地図】重慶市街中心部

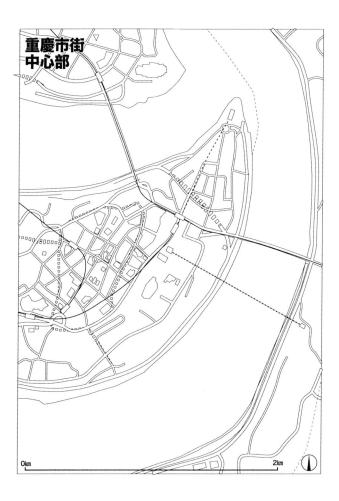

## 【白地図】朝天門

CHINA
重慶

# 朝天門

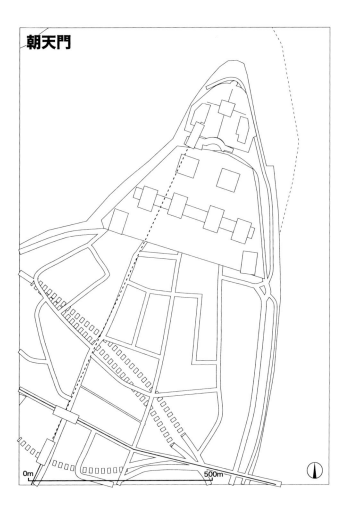

Chongqing City 白地図

## 【白地図】朝天門広場

CHINA
重慶

# 朝天門広場

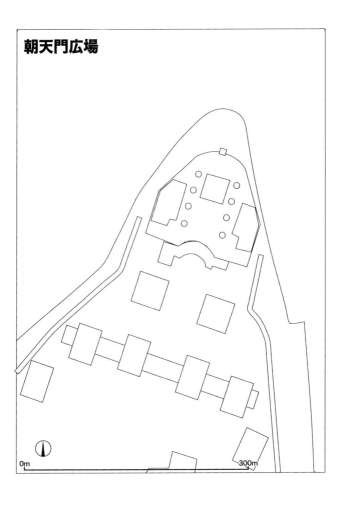

## 【白地図】下半城

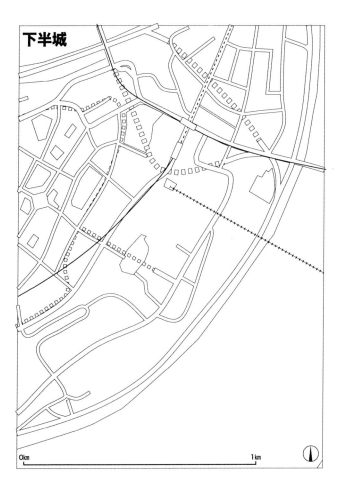

## 【白地図】上半城

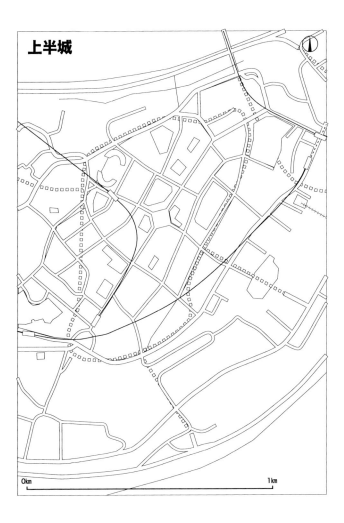

## 【白地図】解放碑

## 【白地図】洪崖洞

CHINA
重慶

# 洪崖洞

## 【白地図】較場口

CHINA
重慶

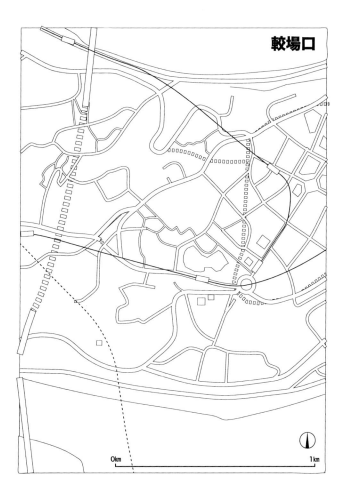

## 【白地図】七星崗

**CHINA**
重慶

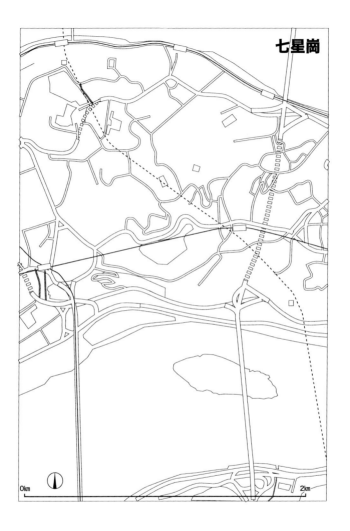

## 【白地図】上清寺

CHINA
重慶

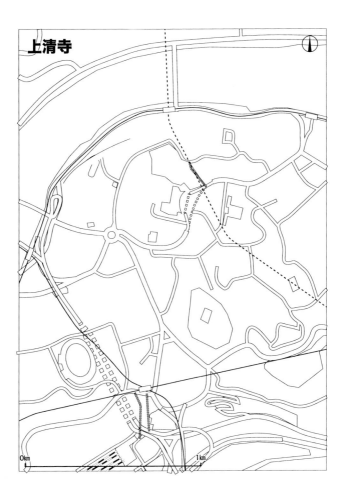

Chongqing City  白地図

## 【白地図】人民広場

CHINA
重慶

# 人民広場

白地図

## 【白地図】渝中半島中部

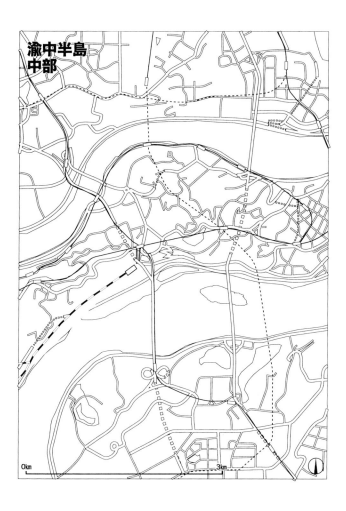

## 【白地図】両路口

# 両路口

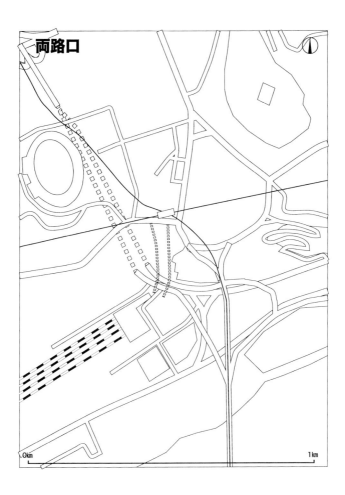

Chongqing City 白地図

## 【白地図】渝中半島半島西部

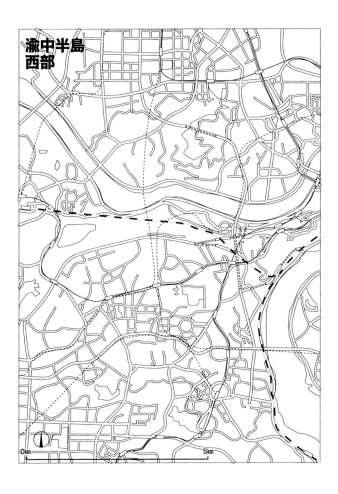

【まちごとチャイナ】
重慶 001 はじめての重慶
**重慶 002 重慶市街**
重慶 003 三峡下り（重慶〜宜昌）
重慶 004 大足
重慶 005 重慶郊外と開発区

CHINA
重慶

　四川盆地を流れてきた嘉陵江と長江が合流する半島に開けた巨大都市重慶。北京、上海、天津とならぶ4つの直轄市のひとつで、西南中国最大の都市でもある。真っ赤なスープの「重慶火鍋」や「泉水鶏（よだれ鶏）」は重慶から中国全土に広まるなど、庶民のあいだで親しまれてきた江湖菜も知られる。

　この重慶は、三峡よりも奥の長江上流地域にあたり、長らく北京や江南と離れた辺境の地とされてきた。一方で、周囲と隔絶された要害の地という性格が注目され、日中戦争（1937

重慶市街
# Chong Qing City
重庆城市 chóng qìng chéng shì
チョンチンチャンシイ

〜45年）時に日本軍の侵略を避けるため、陪都（臨時首都）がおかれている。こうした経緯から街には蒋介石の国民党や中国共産党といった中国近代史と関係する遺構が多く残る。

また市街中心部は丘陵（山の上）に展開することから「山城」と呼ばれ、石階段が伸び、立体的に道路が走る。朝天門や湖広会館などが位置する「下半城（山城の麓側）」と、解放碑や臨江門などが位置する「上半城（山城の頂側）」は60mの高度差があり、山の斜面を利用した建築の洪崖洞では、この街独特の光景が見られる。

## 【まちごとチャイナ】

## 重慶 002 重慶市街

### 目次

| | |
|---|---|
| 重慶市街 | xxxvi |
| 西南中国の立体曼荼羅 | xlii |
| 朝天門城市案内 | lviii |
| 下半城城市案内 | lxxviii |
| 江湖菜と火鍋重慶の味 | ciii |
| 解放碑城市案内 | cix |
| 洪崖洞鑑賞案内 | cxxxi |
| 較場口城市案内 | cxliii |
| 七星崗城市案内 | clvii |
| 上清寺城市案内 | clxvii |
| 両路口城市案内 | clxxxvii |
| 市街西部城市案内 | cxcviii |
| 重慶と巴蜀歩みの素描 | ccx |

**【MEMO】**

## 【地図】重慶と西南中国

CHINA
重慶

# 西南中国の立体曼荼羅

**CHINA**
重慶

沿海部の上海から2000km離れた内陸にある重慶
地理的にはちょうど中国の中央部にあたり
重慶市は人口、面積ともに世界最大級の規模を誇る

## 山の上に街が築かれた

嘉陵江と長江の合流点で、重慶の港にあたる朝天門はこの街でもっとも低い標高160m、繁華街の解放碑は標高249m、最高の鵝嶺（公園）は標高379mとなっている。重慶市街の高度差は219mあり、坂道の多い複雑な地形をもつ街には、ロープウェイや橋、トンネル、立体道路などがめぐらされている。そして、この街では自転車は見られず、地形にあわせて地上を走るモノレールが市民の足となっている（岩石を削って石階段が整備され、かつてそこを上り下りする棒棒軍の姿は重慶名物だった）。長らく、重慶では市街部の高低に

Chongqing City｜西南中国の立体曼荼羅

よって街の性格や呼び方が異なり、朝天門から長江沿いの「下半城（下街）」が商業街、解放碑のある「上半城（上街）」が山の手であり住宅街だった。その姿は、風水をもとに平地につくられた他の中国の街とは大きく異なり、山の起伏を利用した街は美しい景観を見せる。また重慶では北方方言の西南官話が話されている。

**CHINA**
重慶

### 四川は重慶に向かって流れる

今から7千万年前、四川省と重慶の地にはひとつの巨大な内陸湖があり、ヒマラヤの上昇運動などで湖水は平原へ流れ、四川盆地が形成された。この四川盆地全体が北西から南東へ傾斜しているため、盆地を流れる河川は南東へと流れる。そのうちのひとつ金沙江は宜賓から長江と呼ばれ、岷江、沱江、嘉陵江などの河川が次々に長江に合流していく。嘉陵江と長江の合流する地＝重慶は、四川盆地のちょうど南東縁の外側に位置し、そこから長江は三峡を越え、武漢にいたり、やがて上海近くで東海にそそぐ（重慶は四川盆地の外の華釜山の

Chongqing City 西南中国の立体曼荼羅

▲左　山城の斜面を利用して築かれた洪崖洞。　▲右　真っ赤なスープに薬味を載せて食べる重慶の江湖菜

南側に位置する)。この長江の流れに乗って、穀物、綿、塩などの四川盆地の物資は、重慶に集まる。一方で上海や武漢などの下流側から見れば、重慶は四川盆地全体、雲南、貴州へ向かうための入口にあたる。人、情報、物資を運ぶ大動脈であった長江はじめ、河川の集まる要地という地の利が、重慶を西南中国最大の街へと成長させた（1997年に4番目の直轄市となる以前、重慶は四川省の一部だった）。

**CHINA**
重慶

### 重慶をめぐるさまざまな呼び名

重慶と四川省をあわせた地域は、巴（重慶）と蜀（成都）からとって「巴蜀の地」と呼ばれ、巴という名称は、三峡あたりからこの地に移住してきた巴族による。秦漢以来、重慶は「巴郡」、隋唐時代には嘉陵江（渝水）からとられた「渝州」と呼ばれ、この「巴」「渝」はいずれも重慶の古名として知られる（ほかにはふたつの大河が交わることから、「江州」という名称も使われた）。北宋の1102年に謀反を起こして殺害された趙諗の渝州（重慶）を、今後、朝廷に恭順させるという意味で「恭州」と名づけられたこともあった。重慶

> Chongqing City 西南中国の立体曼荼羅

という街名は、恭王としてこの街に封建された南宋の趙惇が、1189年に光宗として即位したことにはじまる。「趙惇が恭王となったこと」「恭王が皇帝になったこと」のふたつの喜びが重なる「双重喜慶（めぐり来る喜び）」から、以後、「重慶」という街名が定着した（このとき趙惇は、かつての自らが治めた恭州を重慶府に昇格させた）。また重慶が順慶（南充）と紹慶（彭水）という「ふたつの慶の街」のあいだにあることに由来するという説もある。

**CHINA**
重慶

### 重慶市街の構成

嘉陵江と長江の河岸に碼頭がならび、両江が合流する地点の「朝天門」が重慶の起点となる。朝天門から「新華路」や「陝西路」が重慶市街中心部に向かって伸び、ちょうど新華路が重慶の上半城と下半城をわける山城の尾根となっている。その高台の中心部に「解放碑」が立ち、あたりは重慶最大の繁華街を形成する。この渝中半島東側が明清時代の重慶旧城があったところで、近代になって市街地は西方向へと広がっていった。「較場口」「両路口」といった重慶市街の交通要地はいずれも上半城と下半城をつなぐ地点にあたり、両者を結ぶ

▲左 夜に輝くネオン、船に乗って夜景を見る両江游。 ▲右 建国前、国民党の臨時首都重慶で仕事をした周恩来

石段の「十八梯」(較場口)、全長112mの「皇冠エスカレーター」(両路口)は重慶を象徴する光景にもあげられる。両路口の外側(下側)に近代、重慶駅が整備され、また新中国成立後は「上清寺」に人民大礼堂や人民広場がつくられた。現在ではこの重慶市街を囲むように、嘉陵江北岸の「観音橋」、長江南岸の「南坪」、市街西郊外の「沙坪壩」、南西の「楊家坪」といった複数の商圏が新たに形成されている。

## 【地図】重慶

### 【地図】重慶の [★★★]
- ☐ 朝天門 朝天门 チャオティエンメン
- ☐ 解放碑 解放碑 ジエファンベェイ

### 【地図】重慶の [★★☆]
- ☐ 紅岩革命紀念館 红岩革命纪念馆 ホォンイェンガアミィンジイニィエングゥアン

### 【地図】重慶の [★☆☆]
- ☐ 長江 长江 チァアンジィアン
- ☐ 嘉陵江 嘉陵江 ジィアリィンジィアン
- ☐ 両路口 两路口 リィアンルウコォウ
- ☐ 重慶駅 重庆站 チョンチィンヂアン

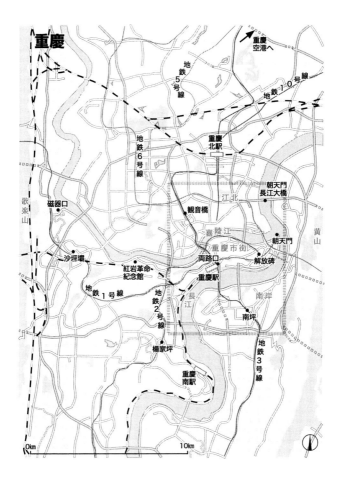

## 【地図】重慶市街

### 【地図】重慶市街の [★★★]
- ☐ 朝天門 朝天门 チャオティエンメン
- ☐ 解放碑 解放碑 ジエファンベェイ
- ☐ 洪崖洞 洪崖洞 ホォンヤアドォン

### 【地図】重慶市街の [★★☆]
- ☐ 下半城 下半城 シィアバァンチャアン
- ☐ 湖広会館 湖广会馆 フウグゥアンフゥイグゥアン
- ☐ 上半城 上半城 シャンバァンチャン

### 【地図】重慶市街の [★☆☆]
- ☐ 小什字 小什字 シャオシェンツウ
- ☐ 長江 长江 チャアンジィアン
- ☐ 嘉陵江 嘉陵江 ジィアリィンジィアン
- ☐ 較場口 较场口 ジィアオチャアンコォウ
- ☐ 珊瑚壩 珊瑚坝 シャンフウバア
- ☐ 人民広場 人民广场 レンミィングゥアンチャアン
- ☐ 両路口 两路口 リィアンルウコォウ
- ☐ 重慶駅 重庆站 チョンチィンヂアン
- ☐ 鵝嶺公園 鹅岭公园 アアリィンゴォンユゥエン

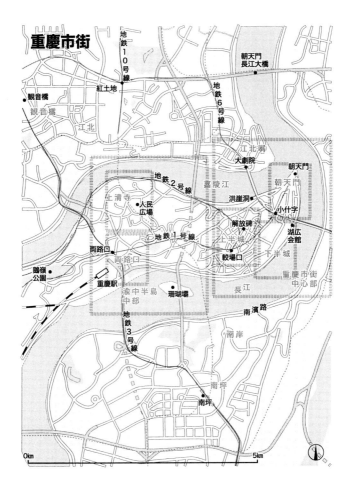

## 【地図】重慶市街中心部

### 【地図】重慶市街中心部の [★★★]
- [ ] 朝天門 朝天门チャオティエンメン
- [ ] 解放碑 解放碑ジエファンベェイ
- [ ] 洪崖洞 洪崖洞ホォンヤアドォン

### 【地図】重慶市街中心部の [★★☆]
- [ ] 重慶旧城 重庆旧城チョンチィンジィウチャン
- [ ] 下半城 下半城シィアバァンチャアン
- [ ] 羅漢寺 罗汉寺ルゥオハァンスウ
- [ ] 湖広会館 湖广会馆フウグゥアンフゥイグゥアン
- [ ] 長江ロープウェイ 长江索道 チャアンジィアンスゥオダァオ
- [ ] 上半城 上半城シャンバァンチャン

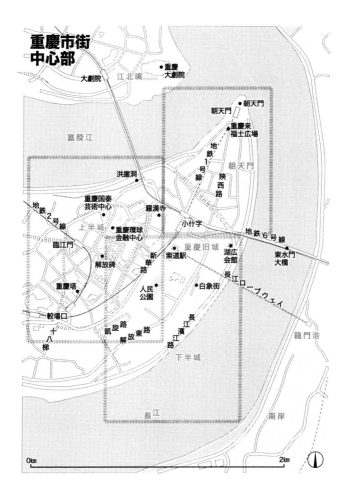

**【地図】重慶市街中心部**

## 【地図】重慶市街中心部の ［★☆☆］
- [ ] 重慶来福士広場 重庆来福士广场
  チョンチンラァイフウシイグゥアンチャアン
- [ ] 新華路 新华路シィンフゥアルウ
- [ ] 小什字 小什字シャオシェンツウ
- [ ] 陝西路 陕西路シャンシイルウ
- [ ] 長江 长江チャアンジィアン
- [ ] 人民公園 人民公园レンミィンゴォンユゥエン
- [ ] 白象街 白象街バァイシィアンジエ
- [ ] 凱旋路 凯旋路カァイシュァンルウ
- [ ] 重慶環球金融中心 重庆环球金融中心
  チョンチィンフゥアンチィウジィンロゥンチョンシィン
- [ ] 重慶国泰芸術中心 重庆国泰艺术中心
  チョンチィングゥオタァイイイシュウチョンシィン
- [ ] 重慶塔 重庆塔チョンチィンタア
- [ ] 嘉陵江 嘉陵江ジィアリィンジィアン
- [ ] 較場口 较场口ジィアオチャアンコォウ
- [ ] 十八梯 十八梯シイバアティイ

## 【MEMO】

# Guide, Chao Tian Men
# 朝天門
# 城市案内

CHINA
重慶

明清時代の重慶旧城では龍王廟などの寺廟
米や雑穀、野菜、豚などの専用市場も見られた
そして人や物資の集まるこの街の正門が朝天門だった

**霧の都**

嘉陵江と長江というふたつの大河が交わり、周囲を丘陵に囲まれた重慶では、川の水が蒸発して拡散しづらく、湿った空気は飽和して霧が生まれやすい。とくに秋から翌年の春までは深い霧が立ち込めることも多く、「霧の重慶」「霧都」と呼ばれてきた。春や秋は朝7〜9時ごろまで濃霧が出て、日光をさえぎる。たとえば1938年は、181日が霧だったという記録も残り、霧の日が1年のうち100日を超すこともめずらしくなかった（「巴山夜雨」「仏図夜雨」といった言葉があるように晴れの日が少なく、四川地域では「蜀犬は太陽に吠え

朝天門城市案内

る」とも言われる)。

**重慶旧城** 重庆旧城
**chóng qìng jiù chéng チョンチィンジィウチャン** [★★☆]
紀元前316年、巴国を滅ぼした秦の張儀が重慶にはじめて城を建て、秦漢時代には朝天門周囲と江北のふたつからなる城があった。その後、蜀漢の226年に都護の李厳が重慶城を朝天門から南西の下半城一帯に広がるよう拡大した。その後、明代の1371年に、地方長官の載鼎がもとにあった重慶旧城のうえに石を積んで高さ10m、周囲8801mの城壁をめぐら

**CHINA**
重慶

せた。それは巴山（丘陵）をふくみ、嘉陵江と長江の地形を利用したもので、九開八閉とする17の城門が設けられた。大梁子（新華路）を軸線に、朝天門から南紀門までの南側の長江沿岸が「下半城（商業地区）」、通遠門から嘉陵江にかけて北側が「上半城（住宅地区、寺院、道観もあった）」となっていた。この重慶旧城は清代の1663年に修築され、長江に浮かぶ珊瑚壩以東をその領域とし、通遠門と南紀門の外は菜園だったが、近代に入り重慶旧城の外側に街が広がっていった。

## 重慶旧城

『陪都十年建设计划草案』
（陪都建设计划委员会）をもとに作成。

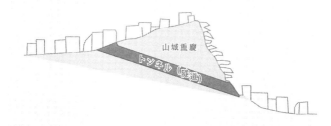

## 20世紀初頭の重慶

『重庆老城』（何智亚／重庆出版社）掲載図をもとに作成。

**CHINA**
重慶

**朝天門** 朝天门 cháo tiān mén チャオティエンメン [★★★]

北より流れてきた嘉陵江が長江にそそぐ合流地点に立ち、「古渝雄関」の文言が見える朝天門。明代に築かれた重慶17の城門のなかでも最大で、長江の先にある上方（下流）へ向かっていることから重慶旧城の正門、重慶の顔の役割を果たした。朝天門という名称は、（最初の明の都である南京にいる）「天子を迎える埠頭（面朝天子）」という意味で、地方官吏が皇帝の命令（聖旨）を受ける場所だったことに由来する（そのため一般の船は立ち入ることができなかった。古くは唐の李白がこの朝天門から長江をくだり、そのとき『峨眉山月歌』

▲左　重慶の正門にあたった朝天門、唐の李白もここから旅立った。　▲右　朝天門で嘉陵江と長江のふたつ河川が合流する

を詠んでいる)。朝天門は重慶でもっとも低い標高 160m で、「山城」の麓部分にあたり、ここから重慶市街へ石段、坂道が伸びていく。清代の 1891 年、重慶の開港が決まると、商業用碼頭が建設され、朝天門とその周囲は大いににぎわうようになり、「(内陸にありながら長江を通じて)重慶は海をもつ」とまで言われた。朝天門では、青色の嘉陵江が黄色く濁った長江と交わっていく様子が見られ、現在は朝天門広場として整備されている。

## 【地図】朝天門

### 【地図】朝天門の [★★★]
- [ ] 朝天門 朝天门 チャオティエンメン

### 【地図】朝天門の [★★☆]
- [ ] 朝天門碼頭 朝天门码头 チャオティエンメンマアトォウ
- [ ] 両江游 两江游 リィアンジィアンヨゥウ
- [ ] 朝天門卸売市場 朝天门批发市场
  チャオティエンメンピイファアシイチァアン
- [ ] 重慶旧城 重庆旧城 チョンチィンジィウチャン
- [ ] 下半城 下半城 シィアバァンチャアン
- [ ] 羅漢寺 罗汉寺 ルゥオハァンスウ
- [ ] 東水門 东水门 ドォンシュイメン

### 【地図】朝天門の [★☆☆]
- [ ] 朝天門霊石 朝天门灵石 チャオティエンメンリィンシイ
- [ ] 重慶市規劃展覧館 重庆市规划展览馆
  チョンチィンシイグゥイフゥアヂャアンラァングゥアン
- [ ] 重慶来福士広場 重庆来福士广场
  チョンチィンラァイフウシイグゥアンチャアン
- [ ] 新華路 新华路 シィンフゥアルウ
- [ ] 小什字 小什字 シャオシェンツウ
- [ ] 陝西路 陕西路 シャンシイルウ
- [ ] 重慶旧城壁 重庆古城墙 チョンチィングウチャンチィアン
- [ ] 長江 长江 チャアンジィアン
- [ ] 嘉陵江 嘉陵江 ジィアリィンジィアン

# 朝天門

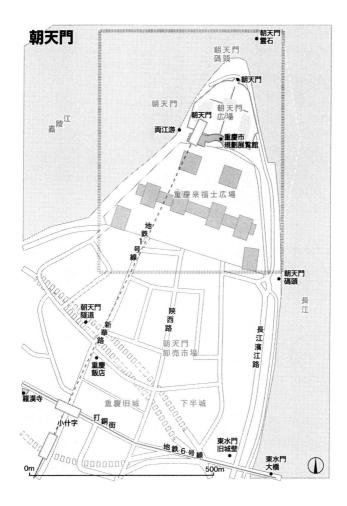

Chongqing City | 朝天門城市案内

## 【地図】朝天門広場

### 【地図】朝天門広場の [★★★]
- [ ] 朝天門 朝天门チャオティエンメン

### 【地図】朝天門広場の [★★☆]
- [ ] 朝天門碼頭 朝天门码头チャオティエンメンマアトゥウ
- [ ] 両江游 两江游リィアンジィアンヨゥウ

### 【地図】朝天門広場の [★☆☆]
- [ ] 朝天門霊石 朝天门灵石チャオティエンメンリィンシイ
- [ ] 重慶市規劃展覧館 重庆市规划展览馆
  チョンチィンシイグゥイフゥアヂャアンラァングゥアン
- [ ] 重慶来福士広場 重庆来福士广场
  チョンチィンラァイフウシイグゥアンチャアン
- [ ] 長江 长江チャアンジィアン
- [ ] 嘉陵江 嘉陵江ジィアリィンジィアン

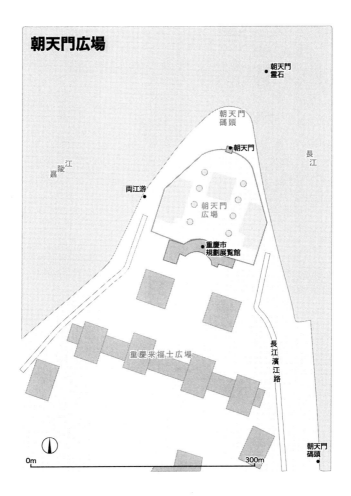

### 九開八閉の城門と碼頭

重慶旧城に配置された17の城門は、九開八閉（9つを開いて、8つを閉める）で、これは天の領域を「井」型にわけ、9つの地域（九宮）を八卦に配当する『易経』の「九宮八卦」に通ずるという。通遠門、臨江門、千廝門、朝天門、東水門、太平門、儲奇門、金紫門、南紀門が「九開」、仁和門、鳳凰門、金湯門、定遠門、洪崖門、福興門、翠微門、太安門が「八閉」とされた（開門のあいだに閉門が配置された）。九開門のうち、内陸の通遠門以外には8つの碼頭があり、長江岸下半城（南）側の南紀門（小菜、米碼頭）、金紫門（山貨碼頭）、儲奇門（薬

材碼頭)、太平門(乾菜碼頭)、東水門(綿花碼頭)、朝天門(雑貨碼頭)、嘉陵江岸上半城(北)側の千廂門(白花碼頭)、臨江門(炭碼頭)というように、それぞれ専用の役割が決まっていた。とくに河川による舟運が盛んになった1926〜34年に、重慶旧城沿岸部の碼頭は40か所までになったという。

**朝天門碼頭** 朝天门码头 cháo tiān mén mǎ tóu
チャオティエンメンマアトォウ[★★☆]
朝天門碼頭は、重慶が開港された1891年につくられ、多くの商船が往来するようになった。空路や鉄道網が整備される

**CHINA**
重慶

以前は、遠くは上海からの船も来港し、大型船、小型船、また三峡下りの観光船も見られた（かつては色とりどりの帆をあげたジャンクがならび、船をつなぎとめて水上生活をする人びとも見られたという）。長江の水路を通じて大型コンテナも収容可能で、到着した物資は船から陸へと運びあげられた。朝天門碼頭では増水期（7、8、9月）と渇水期（11、12月）では、水位差は33mにもなるという。

▲左　明清時代の重慶は朝天門を中心に城壁がめぐらされていた。　▲右　棒の両脇に荷物をさげて階段をのぼっていく棒棒

## 碼頭から市街へ

朝天門は重慶でもっとも低い標高160mで、「山城」重慶の下半城から上半城の高低差は60mになる。かつて朝天門碼頭に届いた各地からの物資や生活水を上半城（解放碑など）へと運びあげたのが、「棒棒（バンバン）」「棒棒軍（バンバンジュン）」と呼ばれる人たちだった。彼らは1本の竹の天秤棒をもって、朝天門で船の到着を待ち、荷物を天秤棒にかけて運び、その手数料で生活する。1931年には380軒の駕籠屋、1万人以上の担ぎ手がいたと言われ、1990年代には40万人もの棒棒がいたという。重い荷物を運ぶこの棒棒

**CHINA**
重慶

や港湾肉体労働者に愛されたのが手頃で精力のつく重慶火鍋で、朝天門界隈で重慶火鍋は生まれた。その後、交通手段の発達もあって、棒棒の数は減っていった。

**朝天門霊石** 朝天门灵石 cháo tiān mén líng shí
チャオティエンメンリィンシイ ［★☆☆］

朝天門の先、長江と嘉陵江が交わるところに浮かぶ朝天門霊石。長さ200mの巨大な岩で、王朝時代の碑文が刻まれている。たびたび水面に顔を出し、「豊年碑」「義熙碑」「霊石碑」「豊年石」とも呼ばれた。

**両江游** 两江游 liǎng jiāng yóu
リィアンジィアンヨォウ [★★☆]

重慶渝中半島の北側を流れる嘉陵江と、南側を流れる長江のふたつの河川を両江と呼ぶ。重慶の美しい夜景を船から鑑賞する両江游では、灯りがともった高層ビル群、香港やサンフランシスコにもたとえられる「山城」の景色が視界に入る。

**重慶市規劃展覧館** 重庆市规划展览馆
chóng qìng shì guī huà zhǎn lǎn guǎn チョンチィンシイグゥイフゥアヂャアンラァングゥアン [★☆☆]

朝天門広場の一角にあり、重慶という街の発展に関する展示

が見られる重慶市規劃展覧館。五大攻能庁、発展戦略庁はじめ、両江新区庁、大都市区庁、渝東北庁、渝東南庁などからなる（2005年に開館した）。近くには重慶ゆかりの著名人を紹介する「重慶歴史名人館」も位置する。

**朝天門卸売市場** 朝天门批发市场 cháo tiān mén pī fā shì chǎng チャオティエンメンピイファアシイチャアン[★★☆]
朝天門から小什字にかけて続く衣料品や靴の問屋街の朝天門卸売市場（朝天門服装市場）。1949年の新中国成立後、ここに物資の倉庫がならび、改革開放以後の1984〜85年に工業

▲左　三峡下り、両江游の起点となる港。　▲右　まだ開く前の朝天門卸売市場界隈にて

品の貿易市場が形成された。やがて1995年ごろから急速に布製品や文化用品、生活用品をあつかう店舗や小百貨店が集まるようになった(商業中心は解放碑あたりに遷っていたが、再び朝天門界隈が注目された)。重慶市から他の省へも商品物資は卸され、中国十大卸売市場のひとつにもあげられる。

**重慶来福士広場** 重庆来福士广场
chóng qìng lái fú shì guǎng chǎng
チョンチィンラァイフウシイグゥアンチャアン　[★☆☆]

朝天門を頂点とした三角の地形にあわせて、8棟の高層建築

**CHINA**
重慶

が摩天楼をつくる重慶来福士広場。これらの高層建築は40〜47階建て、高さ250〜350mほどで、高度250 m地点に横向きの「水晶連廊」が浮かび、空中で結ばれている（「水晶連廊」の長さ300m、幅30m、高さ22.5m）。重慶自体を船に見立て、帆をはっているようで、「朝天揚帆」ともたたえられる。重慶旧城ができて以来2000年続いた朝天門の景色を一変させた、この重慶来福士広場にはショッピングモール、ビジネスオフィス、ホテル、高層マンションが集まる。マリーナベイ・サンズ（シンガポール）と同じモシェ・サフディによって設計された。

# Guide, Xia Ban Cheng
# 下半城
# 城市案内

山城重慶の下（南）半分を構成する下半城
秦漢時代から街があった重慶発祥の地で
長江沿いに発展した

**下半城** 下半城 xià bàn chéng シィアバァンチャアン［★★☆］
秦漢時代の重慶（江州）があった場所で、朝天門から渝中半島先端部の南半分（下半分）を構成する下半城。府所や県衙門などの重慶の行政機関がおかれ、長らく重慶屈指の繁華街であった（望龍門、太平門、儲奇門といった城門界隈は、八省会館がならんで港町の趣をしていた）。1891年に重慶が開港されると、長江を利用して、上海や海外の工業品は重慶から四川、チベット、雲南へと運ばれ、四川地域における商業中心地となった。また1920年代から下半城の陝西路や解放路（林森路）に金融機関や商人が集まり、川塩銀行（重慶飯

店)、聚興誠商業銀行、銀行公会ビル、聚興誠銀行が立っていた。やがて重慶の下半城と上半城を結ぶ馬路が1927年に、自動車用の公路が1929年に開通すると、小売商人は上半城に移転し、現在の解放碑あたりがにぎわうようになった。下半城と上半城の高低差は60mになる。

**【地図】下半城**

### 【地図】下半城の [★★★]
- 解放碑 解放碑ジエファンベェイ
- 洪崖洞 洪崖洞ホォンヤアドォン

### 【地図】下半城の [★★☆]
- 重慶旧城 重庆旧城チョンチィンジィウチャン
- 下半城 下半城シィアバァンチャアン
- 羅漢寺 罗汉寺ルゥオハァンスゥ
- 東水門 东水门ドォンシュイメン
- 湖広会館 湖广会馆フウグゥアンフゥイグゥアン
- 長江ロープウェイ 长江索道チャアンジィアンスゥオダァオ
- 上半城 上半城シャンバァンチャン

### 【地図】下半城の [★☆☆]
- 新華路 新华路シィンフゥアルウ
- 小什字 小什字シャオシェンツウ
- 陝西路 陕西路シャンシイルウ
- 重慶旧城壁 重庆古城墙チョンチィングウチャンチィアン
- 長江 长江チャアンジィアン
- 人民公園 人民公园レンミィンゴォンユゥエン
- 老鼓楼衙署遺跡 老鼓楼衙署遗址ラオグウロォウヤアシュウイイチイ
- 白象街 白象街バィシィアンジエ
- 凱旋路 凯旋路カァイシュァンルウ
- 重慶環球金融中心 重庆环球金融中心チョンチィンフゥアンチィウジィンロォンチョンシィン
- 重慶国泰芸術中心 重庆国泰艺术中心チョンチィングゥオタァイイイシュウチョンシィン
- 八一路好吃街 八一路好吃街バァイイルウハオチイジエ

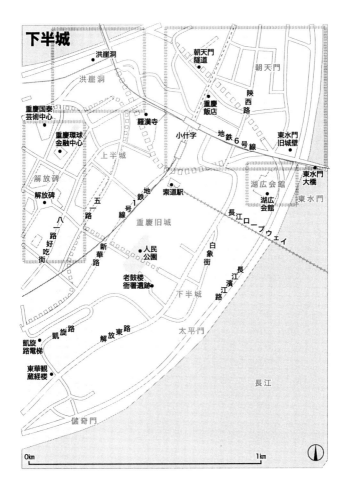

**新華路** 新华路 xīn huá lù シィンフゥアルウ ［★☆☆］

朝天門から解放碑に向かって渝中半島をわけるように走る新華路。ここは重慶の上半城と下半城をわける尾根（大樑子）でもあり、新華路以北（以西）が「上半城」、以南（以東）が「下半城」となっている。古くは明玉珍の大夏の宮廷がおかれ、中華民国の陪都（臨時首都）時代（1937〜46年）には、「中正路」と呼ばれて重慶の目抜き通りだった（中正とは蔣介石のこと）。1930年代、川塩銀行が入居していた重慶飯店はじめ、銀行やホテルなどの西欧式建築がここで摩天楼を描いていた。1949年の中華人民共和国誕生以後、「新華路」と命名

され、重慶旧城の大動脈となっている。

**陝西路** 陝西路 shǎn xī lù シャンシイルウ ［★☆☆］
朝天門から重慶市街へと伸びる陝西路は、かつて陝西街と呼ばれ、下半城でももっとも栄えた場所だった。清代、山西商人の日昇昌が、為替制度の確立していなかった重慶で、他の商人の代金回収も代行するなど、銭荘（旧式銀行）の活動拠点となり、やがて銀行がならぶようになった。近代、あたりには富豪や大商人が多く暮らし、重慶の金融区として知られていた。

**小什字** 小什字 xiǎo shén zì シャオシェンツウ ［★☆☆］
新華路と民族路がまじわる交通の基点になる小什字。周囲には中央銀行旧址、中国銀行旧址、重慶四川飯店、美豊銀行旧址、交通銀行旧址、川康平民商業銀行旧址が立ち、陪都（臨時首都）が重慶にあった1930年代、ここが経済の中心地だった。朝天門（下半城）と解放碑（上半城）のちょうど中間に位置する。

▲左　重慶を代表する古刹の羅漢寺。　▲右　周囲を高層ビル群に囲まれた一角に残る

## 羅漢寺 罗汉寺 luó hàn sì ルゥオハァンスウ［★★☆］

重慶市街の中心部に立ち、そり返った屋根、赤の柱、青の扁額など、あでやかなたたずまいを見せる仏教寺院の羅漢寺。唐代の創建で、北宋時代（1064 〜 66 年）に拡建された。元末、重慶に大夏の都をおいた明玉珍は、ここ羅漢寺で賓客をもてなしたという。明末に破壊をこうむり、現在の蔵経閣の一角だけが残ったが、1666 年に四川総督の李国英が重修し、その後、1752 年に改建された。この仏教寺院は当初、治平寺といったが、たびたび改名され、古仏岩、羅漢寺、西湖禅院、龍神池などの名前で呼ばれてきた（そばには龍王廟が立って

いた)。現在の羅漢寺という名称は、清代の1885年、隆法和尚が羅漢堂を建てたことで定着した。1942年の日本軍の爆撃、文革時代など近代以降も破壊をこうむったが、現在は修建され、寺名の由来となった五百羅漢像や明代の古碑が残る。

**湖広会館** 湖广会馆
**hú guǎng huì guǎn フウグゥアンフゥイグゥアン** [★★☆]
重慶で活躍する長江中流域の両広(湖広)の商人が拠点とした湖広会館。会館とは同郷の商人や職人、移民の便宜をはかる互助組織で、消防、団練、教育、貧民対策、慈善事業など

を行なった。清朝康熙帝（在位 1661 〜 1722 年）時代に建てられ、1759 年、1846 年に重修されていて、四隅のそり上がった黒屋根、明清時代に見られた黄色の封火壁をめぐらし、長江沿いの碼頭に向かうように立つ。湖広会館では湖南、湖北人の故郷の神さまである禹王がまつられ、春節や中秋などの行事で、『三国志』『西遊記』『封神演義』といった演劇が催されたりした（清朝初期、戦乱で無人の荒野と化した四川に、人口過多となった湖南、湖北人が移住した）。湖広会館に隣接して、両広（湖広）の人たちの神さまをまつる「禹王宮」、明清時代、民国の扁額が飾られた「扁額博物館」、清初の湖南、

## 【地図】湖広会館

### 【地図】湖広会館の [★★☆]
- ☐ 湖広会館 湖广会馆フウグゥアンフゥイグゥアン
- ☐ 東水門 东水门ドォンシュイメン
- ☐ 重慶旧城 重庆旧城チョンチィンジィウチャン
- ☐ 下半城 下半城シィアバァンチャアン

### 【地図】湖広会館の [★☆☆]
- ☐ 禹王宮 禹王宮ユウワァンゴォン
- ☐ 重慶旧城壁 重庆古城墙チョンティングウチャンチィアン
- ☐ 小什字 小什字シャオシェンツウ
- ☐ 陝西路 陕西路シャンシイルウ
- ☐ 長江 长江チャアンジィアン

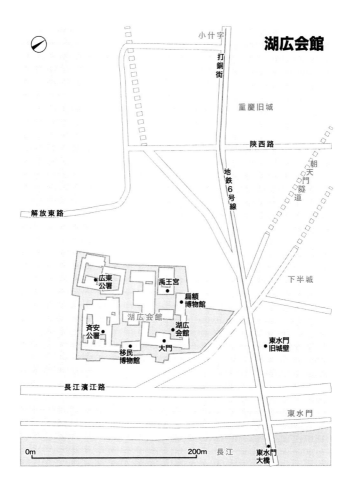

湖北、広東、江西から四川、重慶への移民にまつわる「移民博物館」、天官、地官、水官の三元大帝をまつる「斉安公署」(帝王宮ともいい、湖北黄州府の移民によって1817年に建てられた)、広東からの移民による「広東公所」も立つ。現在の湖広会館は新たに整備し直され、2005年に一般開放された。

**禹王宮** 禹王宮 yǔ wáng gōng ユウワァンゴォン ［★☆☆］
両広（湖広）の人たちの信仰を受け、湖広会館に併設して立つ禹王宮（禹王廟、楚廟）。禹王は夏の創始者、治水神と知られ、河川や湖沼が多いことから、水害の被害をしばしば受

▲左　黄色の周壁をもつ湖広会館。　▲右　湖南省と湖北省の人たちが移住してきて、彼らの崇拝する禹王をまつった

けた両広地区では禹王が信仰された（禹王は水路と堤防をつくって、水にあらがわず、うまく流すやりかたで治水した）。祭りや行事のときに演劇が行なわれた大小の「戯台」はじめ、禹王像を安置する「禹王殿」が位置する。

### 重慶の八省会館

清代、四川最大の商業都市の重慶には、中国各地から集まった商人たちが拠点とする8つの省の会館があり、これを八省会館と呼んだ。東水門の「湖広会館（禹王宮）」「江西会館（万寿宮）」「広東会館（南華宮）」、朝天門の「陝西会館（三元廟）」、

**CHINA**
重慶

陝西街の「福建会館(天后宮)」、「山陝西会館」「浙江会館」「江南会館」がそれで、ほかに東水門の「斉安公所」、綉壁街の「雲貴会館」、人和湾の「山西会館」、「同慶公所」などがあった。これらの会館は下半城に集中し、なかでも湖広会館と江西会館がもっともにぎわい、強い財力をもっていた。また広東会館では広東省ゆかりの仏教の慧能、江西会館では道教の許真君というように、それぞれの出身地ごとにまつられる神さまが異なっていた。八省会館では、首事がおかれて各派閥で起こる仲裁や地方政府との折衝にあたり、八省首事には重慶最大の票号「天順祥」の李耀庭がつくなどした。

**東水門** 东水门 dōng shuǐ mén ドォンシュイメン ［★★☆］
朝天門の南側800mに立つ重慶旧城の城門跡の東水門。明代の洪武年間（1368～98年）の創建で、幅3.1m、高さ4.5m、厚さ6.6mのアーチ型の城門が残る（重慶に現存する通遠門と同時期の建築）。石階段が門の前後に続き、南の長江沿いは碼頭となっていた。あたりは下半城のなかでももっともにぎわいを見せ、商店、茶店、酒店などの店舗、また江南会館、湖広会館、広東会館が東水門界隈に立っていた。東水門は長江の渡河地点でもあり、現在は東水門大橋がかかっている。

**重慶旧城壁** 重庆古城墙 chóng qìng gǔ chéng qiáng
チョンチィングウチャンチィアン ［★☆☆］

東水門には、市街地の周囲にめぐらせたかつての重慶旧城の城壁が230mに渡って残る。重慶の城郭は、紀元前316年、秦の張儀によって築かれたが、現在残るのは明清時代に整備されたもの。明初の1371年に重慶の指揮使であった戴清が造営をはじめ、1398年に全長8801mの城壁が完成した（嘉陵江と長江の流れにあわせたものだった）。清代の1663年に修築され、この東水門と通遠門に城壁跡が残っている。

▲左　下半城の碼頭、ここが重慶発祥の地とも言える場所。　▲右　大河を越えていく長江ロープウェイ

## 長江 长江 cháng jiāng チャアンジィアン［★☆☆］

チベット高原を水源とする全長 6300 km、中国最大の河川の長江（華北を流れる黄河とならぶ中国二大河川）。四川省宜賓を過ぎて金沙江から長江へと名前を変え、岷江、嘉陵江、烏江などの各河川と合流しながら、水量を増やしていく。やがて山地と平地の境でもある三峡（重慶市）を過ぎ、そこから武漢、南京、上海へいたるあいだに川幅は広くなっていく。長江河口の上海から、上流の重慶までは実に 2500 km、20 世紀初頭には移動に 10 数日を要したという。重慶では、青色の嘉陵江が、黄色く濁った長江に合流する様子が見られる。

**CHINA**
重慶

**長江ロープウェイ** 长江索道 cháng jiāng suǒ dào
チャアンジィアンスゥオダァオ ［★★☆］

重慶旧城と長江南岸を結ぶ長江ロープウェイ（長江索道）。立体的に街が展開し、かつふたつの大河の流れる山城重慶の移動手段として活躍してきた。最初のロープウェイは、1982年に北側の嘉陵江にかけられた（その後、老朽化で運行を停止した）。長江ロープウェイは1987年10月に竣工し、山城側の新華路と南岸の上新街の1166mを結ぶ。長江ロープウェイが空中を往来する姿は、重慶を代表する景観となっている。

**人民公園** 人民公园
**rén mín gōng yuán** レンミィンゴォンユゥエン ［★☆☆］

重慶旧城の中心部に位置し、上半城を背に、下半城を前に向かって広がる人民公園。かつては荒れ地の斜面だったが、中華民国時代の 1921 年に整備されて、中央公園となった（また中山公園とも呼ばれ、商業場となっていた）。1949 年の新中国成立以後、人民公園となり、中山亭が立つ。

**CHINA**
重慶

**老鼓楼衙署遺跡** 老鼓楼衙署遗址 lǎo gǔ lóu yá shǔ yí zhǐ
ラオグウロォウヤアシュウイイチイ ［★☆☆］

老鼓楼衙署遺跡は、明清時代以来、重慶旧城の行政府がおかれていた場所で、当時の街の中心だった（解放東路は巴県衙門街と呼ばれていた）。南宋時代に重慶府、元代に重慶路、明代に四川布政使司の重慶府の治所がおかれたほか、元末明初に明玉珍（1331〜66年）が重慶を都とする夏を樹立したとき、この地に明玉珍皇宮があった。重慶は重慶府と巴県という行政単位の異なるふたつの衙門の所在地となり、この重慶府署の西側に巴県署が位置した（同様に重慶府城隍廟と巴

▲左　高低差のある山城にはいたるところに石階段がある。　▲右　小什字あたりは陪都時代の経済の中心地だった

県城隍廟のふたつの城隍廟が存在していた)。21世紀に入ってから発掘が進んだ。

**白象街** 白象街 bái xiàng jiē バァイシィアンジエ ［★☆☆］

重慶が開港された1891年以降に西欧の商社が拠点をおいた白象街。目の前に碼頭があり、重慶行政府にも近かった太平門界隈の白象街には、アメリカ捷江公司(大来公司)旧址をはじめとする西欧式建築がならんでいた(中国人街の西側に西欧人が形成され、上半城に暮らす重慶人もここ白象街に買いものに来たという)。また新聞社の重慶日報、図書館など

**CHINA**
重慶

も見られ、多くの文化人があたりに住んだほか、作家老舎（1899〜1966年）は重慶を訪ねたとき白象街の新蜀報館に滞在した。白象街という名前は清初に白象池があったことに由来し、漢白玉石の象が立つ長さ500m、幅10mほどの通りとなっている。

**凱旋路 凯旋路 kǎi xuán lù カァイシュァンルウ ［★☆☆］**

重慶の下半城と上半城の高低差は60mになり、両者を結ぶ「之」の字型の凱旋路（重慶旧城の儲奇門があった地点）。つづら折り状に続くこの道の整備は1940年からはじまり、1942年に完成した。凱旋路という名前は、抗日戦争の勝利を願ってつけられ、ここから人力車は下半城から上半城にあがったという。周囲には元代至元年間（1264〜94年）に建てられ、その後、再建された道教建築の「東華観蔵経楼」が残るほか、20世紀後半に下半城と上半城を結ぶ「凱旋路電梯（エレベーター）」もつくられた。

# 江湖菜と
# 火鍋
# 重慶の味

「火鍋を食べなければ、重慶に来たことにならない」
とさえ言われる重慶火鍋
重慶の郷土料理「江湖菜」を味わいたい

**赤くたぎる重慶火鍋**

牛の内蔵やアヒルの腸といった食材をまとめて鍋に入れ、唐辛子、山椒、しょうが、にんにくなどで味付けしたこの街名物の重慶火鍋。現在、中国全土、東南アジアでも食べられる重慶火鍋は、朝天門界隈で生まれた。明末から清初、近くにあった家畜処理場で不要とされた牛のひづめやセンマイ（第三の胃）などの部位を、重慶の港湾で働く肉体労働者や水夫の好みにあうように、辛い塩味スープにして食べたのがはじまりだという（また江北区の嘉陵江沿いが発祥の地だとも、磁器口の船乗りが広めた料理だとも言われる）。貧しい人た

重慶

ちにとっても手軽で、元気の出るこの火鍋はまたたく間に重慶名物となり、そこから長江流域へも広がっていった。現在では肉のほかに、うなぎ、えりんぎなども入れ、辛さと具の多さを特徴とする。重慶市街で多くの火鍋店が見られるほか、南山（長江南岸）の龍井傍、龍頭寺（嘉陵江北岸）の火鍋一条街に火鍋店が集まる。

### 四川料理と重慶江湖菜

重慶では、広東、上海、北京料理とならぶ中国四大料理のひとつ四川料理が食されている。山椒をきかせた「麻（マー）」

Chongqing City 　江湖菜と火鍋 重慶の味

▲左　重慶で食べられている小吃の串串香。　▲右　真っ赤なスープの火鍋

と舌を麻痺させるような「辣（ラー）」の味で知られ、刺激が強く、濃い味つけで、暑い夏に汗をかきながら食べる。唐辛子、山椒、ショウガ、にんにく、ねぎ、塩などの調味料をふんだんに使う調理法、内陸部であるがゆえに海産物を保存する方法（漬けもの）が発達した。四川料理のなかでも、成都や楽山で食べられている正統派四川料理（正宗川味）と違って、重慶庶民のあいだで食べられてきた「江湖菜」がこの街の名物（重慶の郷土料理）となっている。正統派四川料理（蓉菜）は繊細な伝統料理で、麻婆豆腐、回鍋肉、夫妻肺片などが知られ、一方の江湖菜（渝菜）は大胆で新進的だとされる。

**CHINA**
重慶

漁夫や跳夫ら庶民のあいだに親しまれるうちに、正統派の麻辣の味から変化を遂げていったという。

### 重慶で食べられている料理

重慶では香辛料のきいた真っ赤なスープに肉や野菜を入れる「重慶火鍋」、さつまいもの面を酸辣の味で食べる「酸辣粉」、アヒルの血を固めたものを煮込んだ「毛血旺」、鶏肉と唐辛子の炒めもの「辣子鶏」などが知られる。また小吃として、麻辣スープの麺料理「重慶小面」、串状の野菜をスープで煮る「串串香」などが食べられている。重慶の路上で生まれた

Chongqing City

## 江湖菜と火鍋重慶の味

と言われる郷土料理「江湖菜」は、20世紀後半から知られるようになり、「江河山野、郷間市井、五湖四海、大衆人家」という言葉は、江湖菜が長江と嘉陵江の育んだ豊かな自然と、庶民、大衆のあいだで育まれたことを示す。南山の「泉水鶏(よだれ鶏)」、歌楽山の「辣子鶏」、来鳳鎮の「来鳳魚」、江津の「酸菜魚」などが、この地方で育まれた江湖菜の代表格。ほか重慶では、山城ビールが飲まれ、茶は蒙頂山のものが親しまれてきた(かつて長江や嘉陵江の水が生活用水に使われ、棒棒が市街へ運びあげた)。

# Guide,
# Jie Fang Bei
# 解放碑
# 城市案内

解放碑あたりは重慶最大の繁華街
下半城にくらべて高低差が60m ある上半城の中心で
颯爽と歩く美しい女性の姿も見られる

**上半城** 上半城
**shàng bàn chéng シャンバァンチャン** [★★☆]

小什字あたりからちょうど新華路を尾根に、北西側（嘉陵江沿岸一帯）を上半城(上街)と呼ぶ。長江沿いの港町の趣のあった下半城に対して、上半城には地主や裕福な人の邸宅、寺院や道観が見られた（魁星楼そばの嘉陵江側に立つ上半城臨江門内には夫子池と重慶府の文廟があり、夫子池は1930 〜 40年代、重慶市民が集会を行なう場所だった)。長らく上半城は高台の山の手であり、下半城に買いものや用足しに行くのを「下街（街へくだる）」と言ったという。清代は下半城の

**CHINA**
重慶

陝西路あたりに繁華街があったが、1927年に馬路、1929年に公路が整備されて交通の便がよくなり、商店や商人の多くが現在の解放碑(当時の都郵街、小梁子)一帯に遷った(上半城の面積は下半城より大きく、重慶旧城の外側だった上清寺、両路口、七星崗もあわせて山城部分を構成する)。こうして上半城の解放碑(大梁子)、鄒容路、民生路、較場口あたりが街の中心となり、現在、解放碑歩行街は重慶最大の商圏を形成する。

▲左　重慶最大の商圏をつくる解放碑商圏。　▲右　重慶精神の象徴でもある解放碑

## 解放碑歩行街 解放碑步行街 jiě fàng bēi bù xíng jiē
ジエファンベェイブウシィンジエ ［★★★］

解放碑を中心にちょうど十字型に通りが交差し、あたりは高層ビル群が林立して摩天楼を描く解放碑歩行街。上半城の中心で、「十字金街」とも「中国西部第一街」とも呼ばれて重慶屈指の繁華街（解放碑商圏）をつくる。1927年に下半城と上半城を結ぶ馬路が整備され、下半城から当時は都郵街と呼ばれた通りへ商人が遷ってきた。そうしてこのあたりに映画館、書店、ホテル、レストランなどの店舗、商店がならぶようになり、重慶を代表する通りへ成長した。現在では「重

## 【地図】上半城

### 【地図】上半城の [★★★]
- [ ] 解放碑 解放碑ジエファンベェイ
- [ ] 解放碑歩行街 解放碑步行街 ジエファンベェイブウシィンジエ
- [ ] 洪崖洞 洪崖洞ホォンヤアドォン

### 【地図】上半城の [★★☆]
- [ ] 上半城 上半城シャンバァンチャン
- [ ] 羅漢寺 罗汉寺ルゥオハァンスウ
- [ ] 長江ロープウェイ 长江索道 チャアンジィアンスゥオダァオ
- [ ] 重慶旧城 重庆旧城チョンチィンジィウチャン
- [ ] 下半城 下半城シィアバァンチャアン

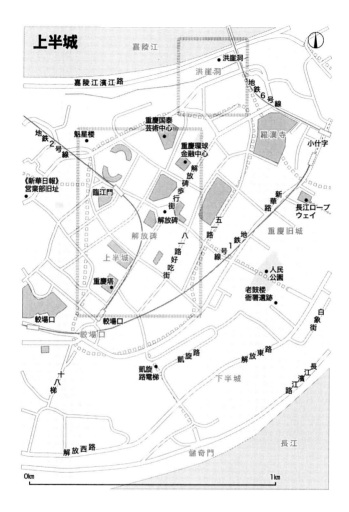

## 【地図】上半城の [★☆☆]

- ☐ 重慶環球金融中心 重庆环球金融中心
 チョンチィンフゥアンチィウジィンロォンチョンシィン
- ☐ 重慶国泰芸術中心 重庆国泰艺术中心
 チョンチィングゥオタァイイイシュウチョンシィン
- ☐ 魁星楼 魁星楼 クイシィンロォウ
- ☐ 八一路好吃街 八一路好吃街 バァイイルウハオチイジエ
- ☐ 重慶塔 重庆塔 チョンチィンタア
- ☐ 較場口 较场口 ジィアオチャアンコォウ
- ☐ 小什字 小什字 シャオシェンツウ
- ☐ 長江 长江 チャアンジィアン
- ☐ 人民公園 人民公园 レンミィンゴォンユゥエン
- ☐ 老鼓楼衙署遺跡 老鼓楼衙署遗址
 ラオグウロォウヤアシュウイイチイ
- ☐ 白象街 白象街 バァイシィアンジエ
- ☐ 凱旋路 凯旋路 カァイシュァンルウ
- ☐ 嘉陵江 嘉陵江 ジィアリィンジィアン
- ☐ 《新華日報》営業部址《新华日报》营业部旧址
 シィンフゥアリイバァオインイェブウジィウチイ
- ☐ 十八梯 十八梯 シイバアティイ

**【MEMO】**

## 【地図】解放碑

### 【地図】解放碑の [★★★]
- [ ] 解放碑 解放碑ジエファンベェイ
- [ ] 解放碑歩行街 解放碑歩行街 ジエファンベェイブウシィンジエ

### 【地図】解放碑の [★★☆]
- [ ] 上半城 上半城シャンバァンチャン

### 【地図】解放碑の [★☆☆]
- [ ] 重慶環球金融中心 重庆环球金融中心 チョンチィンフゥアンチィウジィンロォンチョンシィン
- [ ] 重慶国泰芸術中心 重庆国泰艺术中心 チョンチィングゥオタァイイイシュウチョンシィン
- [ ] 魁星楼 魁星楼クイシィンロォウ
- [ ] 八一路好吃街 八一路好吃街バアイイルウハオチイジエ
- [ ] 重慶塔 重庆塔チョンチィンタア
- [ ] 聖愛堂 圣爱堂シェンアイタァン
- [ ] "六・五"大隧道惨案遺跡 "六・五"大隧道惨案遗址 リィウウウダアシュイダァオツァンアンイイチイ
- [ ] 較場口 较场口ジィアオチャアンコォウ
- [ ] 新華路 新华路シィンフゥアルウ

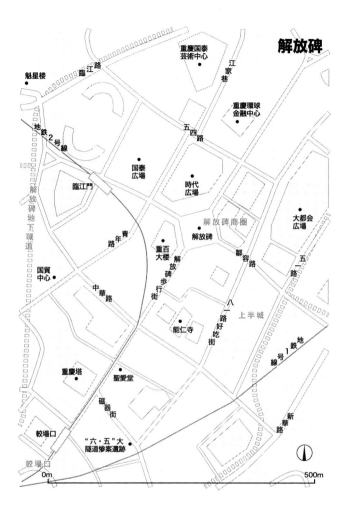

**CHINA**
重慶

百大楼」「時代広場」「重慶環球金融中心」「大都会広場」「国泰広場」「国貿中心」「重慶塔」などの大型店舗、ビジネス拠点が立ち、重慶でもっとも感度の高い人、富裕層が集まる。また脂肪を落とす麻辣の食文化や温暖湿潤な気候、起伏ある街を歩くことでつくられたスタイル、重慶名物の温泉などから、重慶には美女が多いと言われ、なかでも解放碑歩行街では重慶屈指の美女が見られるという。

解放碑城市案内

**解放碑** 解放碑 jiě fàng bēi ジエファンベェイ ［★★★］
重慶最大の繁華街の中心に立つ街の象徴的存在の解放碑。日中戦争時代の1937〜46年に陪都（臨時首都）がおかれた重慶は、日本軍の爆撃をたびたび受け、とくに1939年の爆撃でこのあたり（都郵街、小梁子街、鄒容路）は瓦礫と化した。防空壕から出てきた人びとは、木造製3層の望楼を建て、決して屈しないこと、新しい重慶をつくることを誓ったという。この望楼は日中戦争の契機となった盧溝橋事件が起こった7月7日にちなんで、高さを7.7条にした。重慶の精神的砦だったこの木造の望楼は、抗日戦争勝利後の1947年に功労記念

碑として建て替えられた(楊定宝による八角、鉄筋コンクリート製)。中華人民共和国成立後の1950年、国慶節に劉伯承によって人民解放記念碑が新たに完成した。重慶は新中国成立後の1949年11月30日に共産党軍によって解放され、解放碑の名前はそこに由来する。

**反骨心の強い土地柄**

重慶は、辛亥革命のきっかけとなった1911年の保路運動発祥の地であり、民族意識がきわめて強い土地柄だと知られてきた(保路運動は清朝の進める借款契約によって、四川の

▲左　市街部の市場で積み上げられた野菜。　▲右　左側奥にそびえるのが重慶環球金融中心

財産である鉄道の利権を西欧にとられることへの反対運動)。この保路運動の担い手となったのが秘密結社の哥老会で、旅館、料理店、茶館、酒場、劇場といった重慶の街角中に哥老会の影響力が浸透していた。またたび重なる日本軍の空爆で重慶市街は何度も瓦礫の山と化したが、それによって重慶人は団結したという。重慶市街中心部の川塩、川康両銀行は社屋が破壊されても、臨時の簡易施設をつくって営業を続け、郊外への移転(疎開)は絶対に行なわないと宣言した。

**CHINA**
重慶

**重慶環球金融中心** 重庆环球金融中心
chóng qìng huán qiú jīn róng zhōng xīn チョンチィンフゥアンチィウジィンロォンチョンシィン［★☆☆］

周囲に高層ビルが林立する重慶解放碑商圏にそびえる重慶環球金融中心 Chongqing World Financial Center（WFC）。高さ339mで、72階建て、地下6層からなり、「皇冠明珠平台」と呼ばれる。地下と低層階が商業施設、高層階はホテル、マンションが入居し、重慶の金融、ビジネス中心地となっている。

**重慶国泰芸術中心** 重庆国泰艺术中心
**chóng qìng guó tài yì shù zhōng xīn チョンチィングゥオタァイイイシュウチョンシィン** [★☆☆]

解放碑の近くに立ち、国泰大戯院と重慶美術館からなる重慶国泰芸術中心。国泰大戯院は 1937 年、大梁子（現在の解放碑そば）に鄭石均、趙巨旭といった商人たちの出資で完成し、陪都（臨時首都）にあって郭沫若の『屈原』や川劇が演じられた歴史をもつ。1953 年以後は和平電影院として開館していたが、2007 年に閉館して、新たにその跡地が開発されることになった。2013 年、国泰大戯院と重慶美術館をあわせ、

**CHINA**
重慶

5角形のプランをもつ巨大な国泰芸術中心が開館した。古代中国の建築技術「題湊」をもとにした、赤と黒の梁が組みあわさる現代建築で、赤の梁の先（面）には「國」、黒の梁の先（面）には「泰」の文字が篆書で刻まれている。クラシックコンサートのほか、川劇、京劇、話劇、曲芸、雑技などがここで演じられる。

▲左　臨江門から解放碑にかけての一帯がこの街の中心。　▲右　ハリネズミのような外観をもつ重慶国泰芸術中心

## 魁星楼 魁星楼 kuí xīng lóu クイシィンロォウ［★☆☆］

嘉陵江をのぞむ臨江門そばに立っていた魁星楼を新たに建て直した27階建ての魁星楼。かつて、このあたりには重慶府の文廟、夫子池が位置し、儒教の中心地だったところ。魁星楼には北斗七星がまつられ、科挙を受ける人たちが多く訪れていた。現在の魁星楼は都市開発にあわせて新たに修建されたもので、1階と最上階（27階）に広場があり、黄色の琉璃瓦でふかれた儒教建築の魁星楼も見える。

**CHINA**
重慶

### 八一路好吃街 八一路好吃街
### bā yī lù hào chī jiē バアイイルウハオチイジエ ［★☆☆］

解放碑歩行街の近く、料理店、小吃店が集まる八一路好吃街。小吃、酸辣粉、涼面、担々麺、小湯圓などを扱う店舗がずらりとならぶ。もとは国民党の保安隊がここに駐屯していたことから保安路と呼ばれ、その後、新中国になって八一路と名づけられた（8月1日は人民解放軍の建軍記念日で、八一巷ともいった）。近くには明清時代からこの地にあった尼姑寺の能仁寺（三教堂）が位置する。

**重慶塔** 重庆塔 chóng qìng tǎ チョンチィンタア ［★☆☆］
重慶市街の中心部にそびえる重慶塔 Chongqing Tower。高さは 431m（海抜 680m）になり、周囲の高層ビル群とともに摩天楼を描く。オフィス、高級マンション、ホテル、ショッピングモールなどが入居し、101 階（層）建てであることから重慶 101 大厦とも呼ばれた。

**聖愛堂** 圣爱堂 shèng ài táng シェンアイタァン ［★☆☆］
重慶市街の中心部に立つキリスト教会の聖愛堂。重慶では 1891 年の開埠前からフランス人やアメリカ人の宣教師が布

教にあたり、この教会はアメリカ人メソジスト教師によって1900年前後に建てられた。1937〜46年の陪都（臨時首都）時代には、馮玉祥や郭沫若らがこの聖愛堂に通い、礼拝や活動を行なっていた（蒋介石とその妻の宋美齢もキリスト教徒であった）。磁器街教堂ともいう。

**"六・五"大隧道惨案遺跡** "六・五"大隧道惨案遗址
**liù wǔ dà suì dào cǎn àn yí zhǐ**
リィウウダアシュイダオツァンアンイイチイ ［★☆☆］

1941年6月5日、日本軍による爆撃を受けた防空壕跡の"六・

▲左　美女が多いことでも知られる解放碑歩行街。　▲右　街角の小吃、重慶小面もよく食べられている

五"大隧道惨案遺跡。日本軍は1938年から43年まで、200回を越える断続的な空爆を行なった（漢口に基地を建設し、武漢から800km離れた重慶へ飛んだ）。重慶の住宅区、商業区、軍政機関、工場がこの爆撃の対象となり、重慶市街は廃墟と化した。とくに1941年6月5日には、深夜まで5時間に渡って空爆が続き、被害が甚大であったことから、旧址として"六・五"大隧道惨案遺跡が残されることになった。霧の重慶では、霧季が到来し、街が「天然の防弾チョッキ（霧）」を着ると、爆弾の投下ができなかったという。

# Guide, Hong Ya Dong
# 洪崖洞鑑賞案内

山城重慶の地形を利用してつくられた洪崖洞
現在ではレストランや店舗が入居する
テーマパーク（複合商業施設）のような趣をしている

**洪崖洞** 洪崖洞 hóng yá dòng ホォンヤアドォン ［★★★］

嘉陵江に面した重慶旧城北側（洪崖門のあたり）は、川辺から山のように一気に立ち上がる断崖状の地形になっている。洪崖洞は、この地形を利用した吊脚楼と呼ばれる様式で建てられていて、5〜11層の高さの異なる複数の建物が地形にあわせて展開する（吊脚楼は、巴蜀で見られる伝統的な建築様式）。こうした姿は、紀元前316年の秦代に重慶が築城されたときからあったといい、東晋の『華陽国志』には「重慶の地勢は山が険しく傾いて迫っており、誰もがわずかな平地に重層の家屋を建て、そこに何家族もが住み、ときどき火災

## 【地図】洪崖洞

### 【地図】洪崖洞の［★★★］
- ☐ 洪崖洞 洪崖洞ホゥンヤアドォン
- ☐ 解放碑 解放碑ジエファンベェイ
- ☐ 解放碑歩行街 解放碑步行街 ジエファンベェイブウシィンジエ

### 【地図】洪崖洞の［★★☆］
- ☐ 羅漢寺 罗汉寺ルゥオハァンスゥ
- ☐ 長江ロープウェイ 长江索道 チャアンジィアンスゥオダァオ
- ☐ 上半城 上半城シャンバァンチャン

### 【地図】洪崖洞の［★☆☆］
- ☐ 嘉陵江 嘉陵江ジィアリィンジィアン
- ☐ 張烈士培爵紀念碑 张烈士培爵纪念碑 チャンリィエシイペェイジュエジイニィエンベェイ
- ☐ 新華路 新华路シィンフゥアルウ
- ☐ 小什字 小什字シャオシェンツウ
- ☐ 重慶環球金融中心 重庆环球金融中心 チョンチィンフゥアンチィウジィンロォンチョンシィン
- ☐ 重慶国泰芸術中心 重庆国泰艺术中心 チョンチィングゥオタァイイイシュウチョンシィン
- ☐ 八一路好吃街 八一路好吃街バアイイルウハオチイジエ

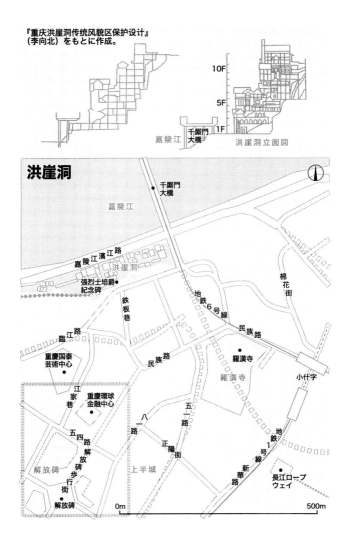

**CHINA**
重慶

が発生する」といった記述も残る。季節による嘉陵江の水位の増減がはなはだしく、洪崖洞一帯では長い支柱で支えられた木造家屋が長さ200mに渡ってならんでいた。そして雨が降ってその滴が崖を流れていく様子の「洪崖滴翠」は、明代の重慶を代表する景観にあげられていた。こうした伝統的家屋の見られた洪崖洞は、2005年に当時の面影を残しながら、美食、娯楽、休暇などに焦点をあてたテーマパークのような複合商業施設として生まれ変わった。「異域城市風情街」「紙塩河酒吧街」「天成巷巴渝風情街」「盛宴美食街」などからなり、夜にライトアップされた洪崖洞は美しい姿を見せる。

▲左 吊脚楼と呼ばれる様式で建てられた洪崖洞。　▲右 洪崖洞内部に立つ彫像

## 吊脚楼とは

吊脚楼とは、華北の四合院、黄土高原の窰洞、福建山地の客家土楼などとともに、広大で、多様な中国の風土、土地の事情にあわせてつくられた建築様式。重慶あたりの山地、また重慶郊外に住むトゥチャ族居住地域で見られる（トゥチャとは「山奥に住む人」という意味がある）。京都清水寺の「かけづくり（懸造）」同様に、断崖や斜面に長い柱を建て、崖の高低差が処理されている。周壁をもつ伝統的な中国建築のように外部へ閉鎖的ではなく、周囲の外部空間と一体化した回廊をめぐらせ、柱と梁の構造をもつ木造建築となっている。

**CHINA**
重慶

### 三大かまどのひとつ

重慶は亜熱帯湿潤気候に属し、夏の最高気温は42度にも達することから、武漢、南京とともに「三大火炉（かまど）」と呼ばれてきた。南宋の1177年、范成大が任地であった成都府から故郷の蘇州に戻るときの様子を記した『呉船録』には、「恭州（重慶）は三峡の入り口である」「盛夏には土の気がないため熱さのひどいこと炭火のさかんな炉であぶられているよう」とある。夏は過ごしづらい重慶も、冬季は結氷せず雪も降らないため過ごしやすい。重慶の年平均気温は16〜18度程度で、1年中きれいな花が咲いている。

洪崖洞鑑賞案内

**嘉陵江** 嘉陵江 jiā líng jiāng ジィアリィンジィアン［★☆☆］
陝西省の秦嶺山脈から南下して四川盆地にいたり、重慶で長江と合流する嘉陵江。全長1120kmで水色の水面をたたえ、重慶朝天門の先で、黄土色の流れの長江と交わっていく様子が見える。嘉陵江は水量が豊かで、急流であることから重慶上流の合川付近では洪水が起こったときの水位を示す題刻も残っている。また、嘉陵江は重慶から上流の四川盆地の街への水路（道路）として利用されてきた。

**CHINA**
重慶

### 美しい橋が何本もかかる

ふたつの河川が流れ、丘陵状(「山城」)の重慶は、交通の便をよくするために何本もの橋がかけられている。まず通じたのが珊瑚壩を利用した全長1124.947mの「長江大橋」で、その北側に対応するように「黄花園大橋(嘉陵江)」がかかる。洪崖洞や湖広会館など市街中心部では、もともとロープウェイが市民の足となっていたが、その後、「千厮門大橋(嘉陵江)」と「東水門大橋(長江)」がかけられた。市街西部には、「嘉陵江大橋」とそのそばの「渝澳大橋(嘉陵江)」、またそれに対応するように重慶駅のすぐそばには「菜園壩長江大橋」が

▲左　洪崖洞内部、いびつな構造をしているのは地形にあわせて建物が建てられたため。　▲右　嘉陵江にかかる千厮門大橋

見える。さらに両江の合流点先に「朝天門長江大橋」がかけられている。重慶では、長江と嘉陵江をまたぐ大橋が20以上あり、市街南北を結んでいて、これほど橋が多い街はめずらしいことから、「橋の都」と呼ばれる。

### 元と重慶の陥落

華北を征服した元（1260〜1368年）のモンゴル軍は、南下して南宋（1127〜1279年）をおびやかすようになり、長江を通じて江南（南宋の首都杭州）に続く四川の地が両者の攻防の舞台となった。1239年、四川制置副使で、重慶府の長

**CHINA**
重慶

官となった彭大雅が、モンゴル軍対策として重慶の城壁や洪崖門を改修した。また1241年に余玠が四川安撫制置使となると、制置使は成都から重慶へ移されるなど、重慶は対モンゴル軍の拠点となった（重慶から嘉陵江上流の合川にある釣魚城は、大小200の戦いを守り抜き、1259年、10万人の大軍をひきいたモンケ・ハンを退けている）。1279年の南宋滅亡1年前、重慶は落城した。

**張烈士培爵紀念碑** 张烈士培爵纪念碑
**zhāng liè shì péi jué jì niàn bēi** チャンリィエシイペェイジュエジイニィエンベェイ［★☆☆］

1911年の辛亥革命のときに重慶で蜂起、独立した張培爵（1876〜1915年）ゆかりの張烈士培爵紀念碑。張培爵は重慶で革命軍をひきいて蜀軍政府を樹立したが、すぐに尹昌衡の大漢四川軍政府に合流した（武昌蜂起が起きると、中国同盟会重慶支部は周辺の諸都市で暴動を起こした）。張培爵は北京で袁世凱に殺害されたが、死後の1946年にこの紀念碑が建てられた。

# Guide,
# Jiao Chang Kou
# 較場口
# 城市案内

重慶上半城の中心にあり人びとが集う較場口
周恩来が滞在した《新華日報》営業部旧址はじめ
陪都（臨時首都）時代ゆかりの地も多い

**較場口** 较场口
**jiào chǎng kǒu ジィアオチャアンコォウ** ［★☆☆］
較場口は重慶各地への起点となる交通の要衝で、解放碑の南西に位置する。較場とは「校場」「閲兵場（軍の様子を見て確認する）」を意味し、ここは山城重慶にあって平坦な場所で多くの人が集まりやすい場所だった（較場壩と呼ばれた）。明末の農民反乱の指導者張献忠が、1644年、重慶を陥落させたあと、較場口で閲兵を行なったといい、明清時代には検閲台があった。清朝後期になり、閲兵の回数が少なくなると、較場口に農民たちが建物を建てはじめたが、1941年、

## 【地図】較場口

### 【地図】較場口の [★★★]
- [ ] 解放碑 解放碑ジエファンベェイ

### 【地図】較場口の [★★☆]
- [ ] 下半城 下半城シィアバァンチャアン
- [ ] 上半城 上半城シャンバァンチャン

### 【地図】較場口の [★☆☆]
- [ ] 較場口 较场口ジィアオチャアンコォウ
- [ ] 《新華日報》営業部旧址 《新华日报》营业部旧址 シィンフゥアリイバァオインイェブウジィウチイ
- [ ] 若瑟堂 若瑟堂ルゥオサェタァン
- [ ] 大韓民国臨時政府旧址 大韩民国临时政府旧址 ダアハァンミィングゥオリィンシイチェンフウジィウチイ
- [ ] 清真寺 清真寺チィンチェンスウ
- [ ] 十八梯 十八梯シイバアティイ
- [ ] 通遠門 通远门トォンユゥエンメン
- [ ] 七星崗 七星岗チイシィンガアン
- [ ] 打槍壩 打枪坝ダアチィアンバア
- [ ] 長江 长江チャアンジィアン
- [ ] 凱旋路 凯旋路カァイシュァンルウ
- [ ] 重慶国泰芸術中心 重庆国泰艺术中心チョンチィングゥオタァイイイシュウチョンシィン
- [ ] 魁星楼 魁星楼クイシィンロォウ
- [ ] 重慶塔 重庆塔チョンチィンタア
- [ ] 嘉陵江 嘉陵江ジィアリィンジィアン
- [ ] 珊瑚壩 珊瑚坝シャンフウバア

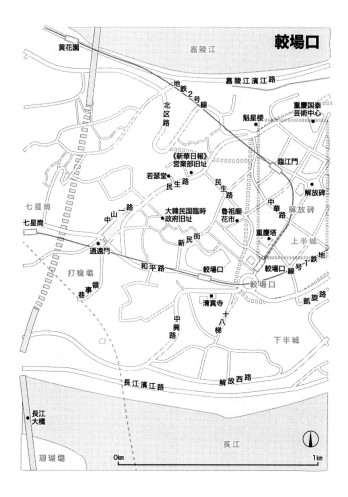

較場口城市案内

**CHINA**
重慶

あたりの家屋を一掃して広場にした。こうして陪都時代(1937〜46年)、較場口は集会場所となり、戦後の1946年にはここで較場口事件が起こっている(李公朴、郭沫若ら共産党員をはじめとする集会の参加者が、国民党特務機関に囲まれて重傷を負った)。現在は重慶有数の繁華街となっていて、近くには魯祖廟花市も位置する。この較場口から十八梯を下りていくと、下半城に出る。

▲左　重慶市街の交通の要衝となっている較場口。　▲右　周恩来は《新華日報》営業部旧址を活動拠点のひとつにしていた

## 《新華日報》営業部旧址《新华日报》营业部旧址
### xīn huá rì bào yíng yè bù jiù zhǐ シィンフゥアリイバァオインイェブウジィウチイ［★☆☆］

『新華日報』は、日中戦争さなかの1938年に武漢で創刊された中国共産党の機関紙（新聞）。国民党の政府機能が武漢から重慶に遷ると、『新華日報』の社屋も重慶に遷り、9年間で3331号が発行された。蔣介石の指導する陪都（臨時首都）重慶や国民党支配地域にあって、『新華日報』は中国共産党の立場を伝え、この新聞に影響力をもったのがのちに新中国首相となる周恩来だった（国民党と共産党は立場は違った

**CHINA**
重慶

が、1937年から第二次国共合作を行なっていた)。『新華日報』編集部は郊外の紅岩の近くの虎頭岩にあったが、営業部は多くの人が行き交う重慶の繁華街にあった。この『新華日報』営業部は1940年に開設され、『新華日報』をはじめとする新聞、雑誌、書籍の発売のほか、共産党員らの活動拠点にもなっていた。国民党が新聞や雑誌、書籍に対する審査を強化するなか、『新華日報』のメンバーは粘り強く交渉、折衝し、共産党の立場を新聞紙上で伝えた(陪都重慶には、武漢から『中央日報』『掃蕩報』、上海から『時事新報』、天津から『大公報』、南京から『新民報』など政治色の強い新聞が集まり、また地

元の新聞もあった）。1946年、国民党による打ち壊しで、『新華日報』営業部は閉店をよぎなくされた。

### 周恩来と『新華日報』

重慶に遷ってきた『新華日報』は、中共中央南方局の管轄下に入り、周恩来の指導のもとに活動することになった。周恩来は身内同士（国民党と共産党）が争うことを戒める内容など、58編の原稿、11編の短文を執筆した。『新華日報』職員ともよく話をし、多く研究し、おごってはならないと周囲に伝えたという（書く話題がないのなら、戦地から重慶に流浪

**CHINA**
重慶

してきた靴磨き少年、嘉陵江の渡し場の船頭、重慶市内のバスの車掌、茶館で民衆が話している内容にも注目してはどうかと提案した)。『新華日報』営業部は重慶中心部の喧騒のなかにあったため、2階の職員宿舎は共産党員の待ち合わせや相談の場所に使われていた。周恩来はそこで宗教指導者の呉耀宗や、華僑指導者の司徒美堂らともしばしば意見を交換した。

▲左　少し奥まったところにあるキリスト教会の若瑟堂。　▲右　料理店がならぶ較場口近く

## 若瑟堂 若瑟堂 ruò sè táng ルゥオサェタァン ［★☆☆］

1893年にフランス人宣教師によって建てられた伝統をもつキリスト教会の若瑟堂。1891年に開港される以前から、重慶では多くのキリスト教宣教師が布教を行ない、四川地域はフランス海外伝道会の中国における最大の拠点となっていた。1879年に建てられたときは木造建築だったが、1890年から3年の月日をかけて完成し、その後、加えられた鐘楼の高さは36mになる。

重慶

## 重慶とキリスト教

重慶や四川省には清朝康熙帝時代の1702年にキリスト教が伝わり、内陸であるがゆえに取り締まりがゆるやかだった。1756年にフランス人宣教師ポティエが四川に潜入して布教を行ない、1838年、四川には宣教師9名、中国人牧師28人がいたという。1863年からフランスの宣教師がたびたび重慶を訪れ、重慶長安寺を教堂にしたが、重慶の民衆の抵抗を受けることも多かった。

**大韓民国臨時政府旧址** 大韩民国临时政府旧址
**dà hán mín guó lín shí zhèng fǔ jiù zhǐ** ダアハァンミィングゥオリィンシイチェンフウジィウチイ ［★☆☆］

戦時中、韓国の亡命政府がおかれていた大韓民国臨時政府旧址。1910年の日本による韓国併合を受け、1919年、韓国人独立運動家によって上海で亡命政府が組織され（ほかウラジオストク、ソウル）、日中戦争開戦後の1940年に国民政府同様に重慶に遷ってきた。金九を主席とする韓国光復軍は、中国の支援を受けながら、連合軍の一員として1945年まで日本と戦った。

重慶

**清真寺** 清真寺 qīng zhēn sì チィンチェンスウ ［★☆☆］

重慶のイスラム教徒が礼拝に訪れるモスクの清真寺。イスラム教は元末明初に重慶に伝わり、重慶清真寺は明の万暦（1573～1620年）年間に馬文昇が建立したことにはじまる。重慶でもっとも由緒正しい清真寺で、十八梯清真寺とも呼ばれ、ほか清朝康熙帝年間に江南からの裕福な移住者によって南寺が建立された。そのため近代にはこの十八梯清真寺（重慶西寺/陪都清真寺）のほか、南寺、北寺（江北城）の3つのモスクが重慶にあったが、日本軍の爆撃にあい、破壊と修復とを繰り返し、やがて西寺と南寺は1943年に統一された（武

▲左　重慶を代表する大型高級ホテル。　▲右　花をつめた籠を背負った花売り、較場口近くには魯祖廟花市が位置する

漢で成立した中国回教救国協会も重慶に遷り、当時、白崇禧らのムスリム指導者がいた）。1日5回の礼拝、豚肉を食さないといった食習慣などからイスラム教徒の回族はこのあたりに集まって暮らしている。

**CHINA**
重慶

**十八梯 十八梯 shí bā tī シイバアティイ ［★☆☆］**
上半城と下半城を結ぶ石階段が続く通りの十八梯。この地に暮らす居民がちょうど18歩分の石階段があったことで名づけたとも、もしくは急な階段が18段あることから、十八梯と名づけられたという。麻雀をする人、耳かきや足の手入れ、棒棒軍が往来し、昔ながらの重慶の面影を伝える通りでもあった。主要な石段は217段に達し、上半城からこの階段を下りて、しばらく進むと長江の岸辺に出る。

# Guide, Qi Xing Gang
# 七星崗
# 城市案内

かつて重慶旧城の西門外に位置したエリア
半島状の重慶にあって他世界に通じる門があり
手ぜまになった市街は七星崗西に広がっていった

**通遠門** 通远门 tōng yuǎn mén トォンユゥエンメン [★☆☆]
重慶旧城の西門にあたり、成渝古道の発着点として成都と通じていた通遠門。三方向を河川に囲まれた重慶渝中半島にあって、唯一西の陸地に開けたこの門は戦略上の要衝となり、通遠門の先の仏図関とともに、防御体制がとられていた(通遠門の外には墓地があり、重慶のすべての葬儀はこの門を通ると言われた)。重慶旧城にあった17の城門のうち、東水門とともに当時の面影を残し、清代の1663年に修建された高さ5.33m、幅3.5m、厚さ7.41mの城門と城壁が残る。1278年、モンゴル軍の猛攻を受けたほか、明末の農民反乱軍を指

## 【地図】七星崗

### 【地図】七星崗の [★★★]
- [ ] 人民大礼堂 人民大礼堂 レンミィンダアリイタァン

### 【地図】七星崗の [★★☆]
- [ ] 重慶中国三峡博物館 重庆中国三峡博物馆 チョンチィンチョングゥオサァンシィアボオウウグゥアン
- [ ] 周公館 周公馆 チョウゴォングゥアン
- [ ] 桂園 桂园 グゥイユゥエン
- [ ] 皇冠エスカレーター 皇冠大扶梯 フゥアングゥアンダアフウティイ

### 【地図】七星崗の [★☆☆]
- [ ] 七星崗 七星岗 チイシィンガアン
- [ ] 打槍壩 打枪坝 ダアチアンバア
- [ ] 枇杷山公園 枇杷山公园 ピイパアシャンゴォンユゥエン
- [ ] 重慶自然博物館 重庆自然博物馆 チョンチィンズウラァンボオウウグゥアン
- [ ] 珊瑚壩 珊瑚坝 シャンフウバア
- [ ] 通遠門 通远门 トォンユゥエンメン
- [ ] 人民広場 人民广场 レンミィングゥアンチャアン
- [ ] 三峡古玩城 三峡古玩城 サァンシィアグウワァンチャアン
- [ ] 両路口 两路口 リィアンルウコォウ
- [ ] 宋慶齢故居 宋庆龄故居 ソォンチィンリィングゥジュウ
- [ ] 重慶駅 重庆站 チョンチィンヂアン
- [ ] 鄒容記念碑 邹容纪念碑 ゾォウロォンジイニィエンベェイ
- [ ] 長江 长江 チャアンジィアン
- [ ] 嘉陵江 嘉陵江 ジィアリィンジィアン

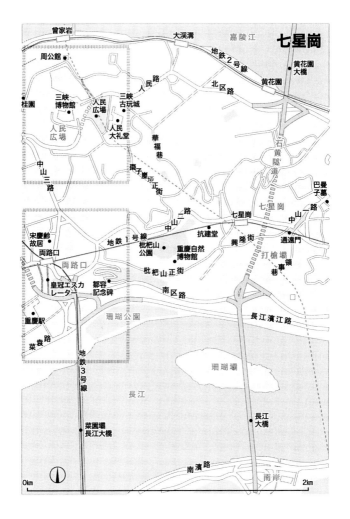

**CHINA**
重慶

揮した張献忠（1606〜46年）が通遠門を攻略したときの様子を再現した彫像がおかれている（手足を切り落とす、背筋でまっぷたつにする、空中にほうりなげて背中をやりで突き通す、子どもたちを火であぶり殺すなどの残虐行為を行なった）。また通遠門内の蓮花池には、春秋戦国時代、楚が巴を滅ぼしたとき、殉死した巴国の将軍曼子の墓が残る。

**七星崗** 七星岗 qī xīng gǎng チイシィンガアン ［★☆☆］
重慶旧城の通遠門外に広がる小さな丘陵の七星崗。明清時代はあたりに墓地が広がっていたが、20世紀に入ってから成都と重慶を結ぶ成渝公路の起点となり、多くの人が往来するようになった。くわえて1937年に国民政府が遷ってきたところから開発が進み、市域が七星崗、さらに西へと拡大した。中山一路に並行して走る興隆街には文人にも愛された星臨軒があり、1941年に建てられた抗建堂（抗戦建国）では郭沫若らが中心となって文芸講演会を開催するなど、あたりは陪都重慶の文化の発信地にもなっていた。

**打槍壩** 打枪坝 dǎ qiāng bà ダアチィアンバア ［★☆☆］

1891年3月に重慶が開港されると、イギリスや日本の居留地は南岸におかれたが、当時は長江に橋もかかっておらず、不便な場所だったところから、清朝は重慶旧城の西端の通遠門近くの打槍壩を領事館区とした。ここは重慶旧城のなかでももっとも高い場所であり、清朝は重慶駐屯軍の練兵場（射撃場）として使用していた。1896年にフランス領事館、日本領事館、アメリカ領事館、1904年ドイツ領事館というようにあいついで西欧諸国の領事館が設置され、領事巷という地名が残っている。

▲左　人民広場の三峡博物館と枇杷山公園の重慶自然博物館が重慶を代表する博物館。　▲右　巧みな動きで木の枝を切っていく

**枇杷山公園** 枇杷山公园 pí pá shān gōng yuán
ピイパアシャンゴォンユゥエン ［★☆☆］

重慶渝中半島の尾根を形成し、重慶市街部でもっとも高い標高345mの山頂をもつ枇杷山公園。1949年以前は王家の私有地で王園といったが、1955年に公園となった（枇杷の木が植えられていたことから名前がとられた）。公園内の高度差は70mになり、山頂に立つ紅星亭からは市街が一望でき、美しい夜景が見える。

**CHINA**
重慶

**重慶自然博物館** 重庆自然博物馆
**chóng qìng zì rán bó wù guǎn**
チョンチィンズウラァンボオウウグゥアン ［★☆☆］

重慶自然博物館は、1930年に開館した中国西部科学院の流れをくみ（その後、中国西部博物館となり）、陪都重慶にあって中国の自然科学の研究、収蔵の中心地だった。1955年、重慶市博物館として開館し、その後、重慶自然博物館となった。四川地域の旧石器時代の資陽人の頭蓋骨や旧石器類、恐竜や始祖鳥の骨などが展示されている。郊外の北碚に重慶自然博物館新館が新たに開館している。

**珊瑚壩** 珊瑚坝 shān hú bà シャンフウバア ［★☆☆］

長江が運んできた土砂で形成された砂州の珊瑚壩。東西幅1200〜1800m、南北幅600mで、夏季の増水期には長江の流れに満たされる（おおわれる）こともめずらしくなかった（最高点177.6m）。この地は重慶旧城から見て郊外にあたり、国民党時代は珊瑚壩に飛行場があった。現在は鳥が訪れる湿地公園となっていて、珊瑚壩を利用して架けられた重慶長江大橋が砂州のうえを通っている。

# Guide, Shang Qing Si
# 上清寺城市案内

中国共産党にとって意義深い周公館や桂園
また人民大礼堂や三峡博物館などの
大型建築が位置する上清寺

## 人民広場 人民广场 rén mín guǎng chǎng
レンミィングゥアンチャアン ［★☆☆］

人民広場は、重慶市が四川省から分離して直轄市となった1997年に整備された。第4の直轄市となった重慶のランドマーク的存在で、花崗岩が敷かれた広場には多くの人が集まっている。ここ上清寺界隈には市政府、重慶人民大礼堂、中国三峡博物館などの政府機関や公的機関がならび立つ。

### 【地図】上清寺

## 【地図】上清寺の ［★★★］
- 人民大礼堂 人民大礼堂レンミィンダアリイタァン

## 【地図】上清寺の ［★★☆］
- 重慶中国三峡博物館 重庆中国三峡博物馆 チョンチィンチョングゥオサァンシィアボオウウグゥアン
- 周公館 周公馆チョウゴォングゥアン
- 桂園 桂园グゥイユゥエン
- 皇冠エスカレーター 皇冠大扶梯 フゥアングゥアンダアフウティイ

## 【地図】上清寺の ［★☆☆］
- 人民広場 人民广场レンミィングゥアンチャアン
- 三峡古玩城 三峡古玩城サァンシィアグウワァンチャアン
- 嘉陵橋西村 嘉陵桥西村ジィアリィンチィアオシイツゥン
- 両路口 两路口リィアンルウコォウ
- 宋慶齢故居 宋庆龄故居ソォンチィンリィングゥジュウ
- 重慶駅 重庆站チョンチィンヂアン
- 鄒容記念碑 邹容纪念碑ゾォウロォンジイニィエンベェイ
- 長江 长江チャアンジィアン
- 嘉陵江 嘉陵江ジィアリィンジィアン
- 枇杷山公園 枇杷山公园ピイパアシャンゴォンユゥエン
- 重慶自然博物館 重庆自然博物馆 チョンチィンズウラァンボオウウグゥアン

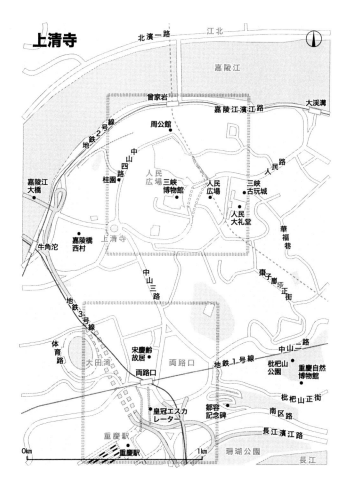

## 【地図】人民広場

### 【地図】人民広場の [★★★]
- [ ] 人民大礼堂 人民大礼堂レンミィンダアリイタァン

### 【地図】人民広場の [★★☆]
- [ ] 重慶中国三峡博物館 重庆中国三峡博物馆チョンチィンチョングゥオサァンシィアボオウウグゥアン
- [ ] 周公館 周公馆チョウゴォングゥアン
- [ ] 桂園 桂园グゥイユゥエン

### 【地図】人民広場の [★☆☆]
- [ ] 人民広場 人民广场レンミィングゥアンチャアン
- [ ] 三峡古玩城 三峡古玩城サァンシィアグウワァンチャアン
- [ ] 戴笠公館 戴笠公馆ダイリイゴォングゥアン
- [ ] 嘉陵江 嘉陵江ジィアリィンジィアン

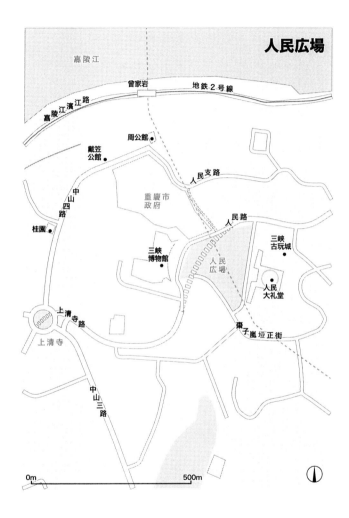

**CHINA**
重慶

**人民大礼堂** 人民大礼堂
**rén mín dà lǐ táng** レンミィンダアリイタァン［★★★］

円形屋根をもつ高さ65m（ホールの高さ55m）、直径46.33mの巨大建築の人民大礼堂。北京の天壇公園祈年殿をモチーフとし、左右対称で、格調高い明清時代の建築を思わせる。この大礼堂は中華人民共和国成立後の1951年、劉伯承、鄧小平、我龍といった西南軍政委員会の指導者によって、ここ人民路学田湾での建設が決められた。四川省出身の建築家張家徳による設計で、1954年に完成し、緑色の屋根瓦、紅の柱、中央の大礼堂と南北に翼楼を広げるような姿を見せる。4～

▲左　北京の天壇のようなたたずまいの人民大礼堂。　▲右　緑の屋根が印象的な建築

5000人を収容することができ、重慶市の党大会はじめ、各種の会議が開催される（当初、中蘇大楼、西南行政委員会大礼堂と呼ばれていたが、その後、人民大礼堂となった）。また建物自体がこの街のシンボルとなり、北京の首都人民大会堂、毛主席紀念堂とならぶ中国を代表する三堂のひとつにもあげられる。

# CHINA
重慶

**重慶中国三峡博物館** 重庆中国三峡博物馆
**chóng qìng zhōng guó sān xiá bó wù guǎn チョンチィンチョングゥオサァンシィアボオウウグゥアン** [★★☆]

人民大礼堂に向かい合うように立つ、ガラスの外観の重慶中国三峡博物館（重慶博物館）。1951年に設立された西南博物館を前身とし、三峡ダムの建設にあわせて三峡地区の文物を保護する過程で、2000年、重慶中国三峡博物館の設立構想が生まれた。2005年にこの新たな博物館は開館、開放され、「壮麗三峡」「遠古巴渝」「重慶・城市之路」といった展示では、重慶をめぐる巴渝文化（巴渝青銅器）、三峡文化（三峡ダム

プロジェクト、三峡文物や重慶地区の少数民族)、大後方抗戦文化（陪都時代のもの）、移民文化（湖広地区からの移民）を紹介する。また高さ20cmの漢代の『哺乳俑』、明代の絵画『《秋葵鶏黍図》軸』、馬と人の『銅牽馬俑』、木の下のオスとメスのキジを描いた『《瓊花真珠鶏》』なども収蔵する。

### 重慶と三峡、三峡ダム

重慶市の北東端に位置し、長江の奥地、山地部分（重慶、四川）と平地部分（武漢や南京）をわける三峡。瞿塘峡、巫峡、西陵峡という3つの峡谷が続き、断崖絶壁の見事な景観をつく

**CHINA**
重慶

る。この三峡近くでダムをつくって長江の水を電力に変える三峡ダムの建設は1994年にはじまった。これによって三峡の水位は30m上昇し、長さ600km、幅1.1kmの巨大な貯水湖ができあがった(三峡は多くの文人に詠われてきたが、水位の上昇で三峡の景観は変わった)。三峡ダムの建設にともなって、多くの人が移住することになり、直轄市へと昇格した重慶市がその対応にあたることになった。長江の流れを利用して三峡のダムをつくるという構想は、孫文の時代からの悲願でもあった。

▲左　前面がガラス張りの重慶中国三峡博物館。　▲右　上清寺の円形ロータリー

## 三峡古玩城 三峡古玩城 sān xiá gǔ wàn chéng
サァンシィアグウワァンチャアン ［★☆☆］

人民広場の近くに位置する三峡古玩城。山水画や書画、古銭、刺繍、明清時代の家具、奇石、金銀銅器などをあつかう店がならぶ。三峡古玩城の入口には牌楼が立つ。

## 周公館 周公館
zhōu gōng guǎn チョウゴォングゥアン ［★★☆］

1937年、第二次国共合作ののち、周恩来は中国共産党から、国民党の陪都（臨時首都）重慶に派遣され、共産党南方局の

**CHINA**
重慶

書記として、広報や宣伝などの活動にあたった（当時の共産党の拠点は、陝西省延安にあった）。紅岩、曾家岩、新華日報社などに、南方局の重慶での活動拠点がおかれ、重慶市街に設けられた出先機関の曾家岩50号は「周公館」とも呼ばれた。この邸宅は1939年2月、周恩来が国民政府軍事委員会政治部副部長の身分で借りたもので、3階建ての家屋で、周恩来は1階の1室に住み、2階の1室には国民党の役人とその家族が住んでいた（裏からは嘉陵江を見下ろすことができた）。周恩来はここで書籍や雑誌の内容を審査し、粘り強く国民党と折衝、冷静沈着で紳士的なふるまいは重慶に暮ら

す人たちの信頼を集めた。1946年に周恩来が南京に移動すると、周公館は中共四川省委員会の所在地になり、その後、47年に閉鎖された。門前には周恩来の銅像が立っている。

### 周公館への路地

周公館は中山四路の北端、玉砂利で舗装された路地の突きあたりに位置した。近くには国民党軍事委員会政治部長の張治中（1890～1969年）、国民党系の暴力的秘密結社の戴笠（1897‐1946年）らが住み、周公館では使用人が周恩来の動きを報告していた（周恩来は国民党の諜報活動を受け、監視され

ている状況だった）。身の安全のため、周恩来は普段、紅岩の事務所に住み、仕事で遅くなったときに、曾家岩（周公館）で過ごした。

### 桂園 桂园 guì yuán グゥイユゥエン ［★★☆］

日中戦争（1937〜45年）後の中国のありかたを国民党と共産党が話し合い、双十協定が結ばれた桂園。蔣介石は1945年8月14日以後、陪都（臨時首都）重慶から3回にわたって延安の毛沢東に向かって内戦回避の会談を呼びかけ、予想に反して毛沢東がその会談に応じた（蔣介石は、身の安全が

▲左　毛沢東とともに新中国建国の立役者となった周恩来の像が立つ。　▲右　周公館は周囲を国民党要人の邸宅に囲まれていた

保証されない重慶に、毛沢東は来ないだろうとたかをくくり、共産党攻撃の準備を進めていた）。両者の会談は1945年8月29日から40日以上も続き、ここ桂園で10月10日（双十）に協定は調印された。共産党代表の周恩来、王若飛と、国民党代表の王世杰、張治中、邵力子らが署名し、調印後に桂園の2階にいた毛沢東が会場に降りてきて、ひとりひとりと握手したという。この重慶交渉では平和、民主、団結、統一を基礎とし、蒋介石の指導のもとに長期にわたる合作を行なうことが確認された（孫文の三民主義で新中国を建設する）。両者が正式に双十協定に署名したことで、中国共産党の存在

が公的に認められ、毛沢東はその立場や地位をあげることになった。やがて両者は国共内戦へ突入し、共産党が勝利して、1949年10月1日に中華人民共和国が建国された（国民党は台湾へ遷った）。桂園という名前は、庭にモクセイ（桂花樹）が植えられていたことに由来する。

### 毛沢東の重慶滞在

仲介役のアメリカ人ハーレイ、周恩来、国民党代表の張治中らが延安の毛沢東を迎えに行き、1945年8月28日、毛沢東は重慶に降り立った（国内外を揺るがす大事件だった）。和

## 上清寺城市案内 Chongqing City

平交渉のあいだ、毛沢東と周恩来は紅岩事務所に宿泊したが、市街から遠く不便で、国民党の張治中が曾家岩の自分の住居である桂園を毛沢東に提供した。毛沢東は、午前8時に紅岩から車で桂園にやってきて、午後6時に桂園からから紅岩に帰った(桂園が市街部の拠点となった)。毛沢東の重慶滞在時、蔣介石は毛沢東を林園の官邸を招き、1泊することになった。このとき周恩来は、毛沢東の安全警護、部屋や食事の確認に注意を払い、人びとが競って毛沢東にすすめる酒を代わって次々と飲み干したという。双十協定の調印後、毛沢東は飛行機で延安に帰っていった。

重慶

**戴笠公館** 戴笠公馆 dài lì gōng guǎn
ダァイリイゴォングゥアン ［★☆☆］

国民党統治下の陪都重慶にあって、蒋介石につぐ権力を有した戴笠（1897〜1946年）が暮らした戴笠公館。戴笠は蒋介石と同じ浙江省出身で、蒋介石が校長をつとめた黄埔軍官学校を卒業した。北伐（1926〜28年）のときに情報工作を担当して成果をあげ、蒋介石の独裁体制強化では戴笠の暗躍があったという。経済、運輸、軍事、言論機関などを担当したほか、藍衣社（特務機関）を組織して監禁、暗殺、誘拐などの白色テロも行なった（共産党員からは恐れられた）。戴笠

▲左 庭に植えられていたモクセイ（桂花樹）にちなむ桂園。 ▲右 ここで国民党と共産党の双十協定が結ばれた

は朝は未明から夜は深夜まで仕事に没頭し、睡眠は4〜5時間より多くはとらなかったという。

### 嘉陵橋西村 嘉陵桥西村 jiā líng qiáo xī cūn
ジィアリィンチィアオシイツゥン [★☆☆]

石階段や石畳みの路地、昔ながらの山城重慶の生活ぶりが見られる嘉西村（嘉陵橋西村）。かつてここは特園といったが、1950〜60年代に嘉陵江大橋が架けられたとき、東西両園にわけ、その西半分が嘉西村となった。上清寺の一角に位置し、この嘉陵江に面した牛角沱あたりは渡河地点でもあった。

# Guide,
# Liang Lu Kou
# 両路口
# 城市案内

重慶駅から両路口に向かって伸びる
高さ52.7m、全長112mの皇冠エスカレーター
高度差ある山城重慶の上下を結ぶ

**両路口 两路口 liǎng lù kǒu リィアンルウコォウ** ［★☆☆］
重慶駅と重慶旧城を結ぶ交通の要衝の両路口。ここは成都方面から重慶に来る人にとっての西大門にあたり、上半城（通遠門）へ続く道と、長江に面した南側の下半城へ続くふたつの道（両路）がわかれる場所だった。1911年の辛亥革命以後に急速に発展をとげ、重慶でいち早く電灯化し、路面電車の走った（当時の）新市街だった。1980〜90年代に映画館や百貨店がならぶようになり、北の嘉陵江大橋、南の菜園壩長江大橋で両江の外側と結ばれている。

## 【地図】渝中半島中部

### 【地図】渝中半島中部の [★★★]
- [ ] 人民大礼堂 人民大礼堂レンミィンダアリイタァン
- [ ] 解放碑 解放碑ジエファンベェイ

### 【地図】渝中半島中部の [★☆☆]
- [ ] 珊瑚壩 珊瑚坝シャンフウバア
- [ ] 嘉陵橋西村 嘉陵桥西村ジィアリィンチィアオシイツゥン
- [ ] 両路口 两路口リィアンルウコォウ
- [ ] 重慶駅 重庆站チョンチィンヂアン
- [ ] 鵝嶺公園 鹅岭公园アアリィンゴォンユゥエン
- [ ] 七星崗 七星岗チイシィンガアン
- [ ] 長江 长江チァアンジィアン
- [ ] 嘉陵江 嘉陵江ジィアリィンジィアン
- [ ] 較場口 较场口ジィアオチャアンコォウ
- [ ] 枇杷山公園 枇杷山公园ピイパアシャンゴォンユゥエン

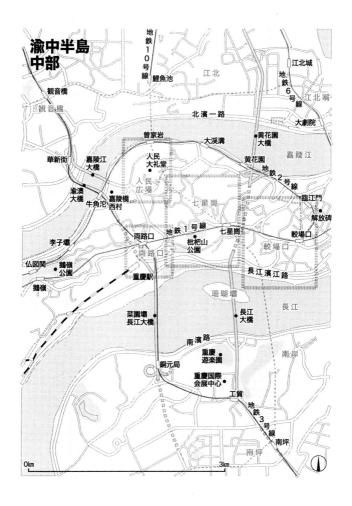

## 【地図】両路口

### 【地図】両路口の [★★☆]
- [ ] 皇冠エスカレーター 皇冠大扶梯 フゥアングゥアンダアフウティイ

### 【地図】両路口の [★☆☆]
- [ ] 両路口 两路口リィアンルウコォウ
- [ ] 宋慶齢故居 宋庆龄故居ソォンチィンリィングウジュウ
- [ ] 重慶駅 重庆站チョンチィンヂアン
- [ ] 鄒容記念碑 邹容纪念碑ゾォウロォンジイニィエンベェイ
- [ ] 長江 长江チャアンジィアン

重慶

**宋慶齢故居** 宋庆龄故居 sòng qìng líng gù jū
ソォンチィンリィングウジュウ［★☆☆］

孫文の妻でのちに国家副首席となる宋慶齢（1893〜1981年）が暮らした宋慶齢故居。日中戦争がはじまると、宋慶齢は上海から香港に向かい、1938年にそこで戦争による難民、孤児を支援する保衛中国同盟を成立した（宋慶齢が主席、会長は弟の宋子文）。1942年、宋慶齢は重慶に疎開し、当初は国民党要人の暮らす黄山の姉の宋靄齢とその夫の孔祥熙の屋敷に身を寄せていた。数か月後、宋慶齢は国民党の政官界と離れて、重慶市街部の両路口のこの地に拠点を構え、保衛中国

▲左　郊外の蔣介石官邸から離れ、両路口にあった宋慶齢故居。　▲右　鉄道で各地と結ばれている、重慶駅

同盟の中央委員会をおいた（この邸宅は、弟の宋子文が用意した。秘密警察に監視されるなかでの生活だった）。三姉妹のなかで宋靄齢や宋美齢がアメリカから輸入した贅沢品を身につけたのに対して、宋慶齢は中国産の麻の衣服を着て質素な生活をしたという。また日本軍に爆撃された地域の視察に出かけ、戦争被害地に医療品や物資を輸送、病院をつくるなどの活動を行なった。日中戦争後の 1945 年 12 月、宋慶齢は上海に戻った。

## CHINA
重慶

### 皇冠エスカレーター 皇冠大扶梯 huáng guàn dà fú tī
### フゥアングゥアンダアフウティイ ［★★☆］

重慶駅菜園壩と両路口を結ぶ高度差52.7m、全長112m、幅1.3m、傾斜30度の皇冠エスカレーター。重慶駅（山麓）側の「下駅」と、両路口（山上）側の「上駅」を、秒速0.75m、2分30秒で結ぶ。1時間で最大1万3000人を運ぶことができ、アジアを代表するエスカレーターとして親しまれてきた。1996年にこの皇冠エスカレーターが完成するまでは、両路口にはロープウェイがあった（十八梯、凱旋路とともに山城上下の往来のための結節点だった）。

**重慶駅** 重庆站 chóng qìng zhàn チョンチィンヂアン[★☆☆]
鉄道で各地と結ばれ、山城重慶の玄関口となっている重慶駅。鉄道駅は市街西部の菜園壩と呼ばれる平地に位置し、菜園壩駅とも呼ばれる（重慶市街地は西郊外へ広がっていった）。近代、重慶と成都を結ぶアクセスの需要が高まり、1936年に鉄路工程局が設立されたが、日中戦争で棚上げ状態となった。その後、1950年に駅が修建され、1952年に成渝鉄路の開通にあわせて重慶駅も開業した。重慶駅前は菜園壩広場になっていて、皇冠エスカレーターを通じて市街部に通じている。また2006年には高鉄の発着する重慶北駅が完成した。

**鄒容記念碑** 邹容纪念碑 zōu róng jì niàn bēi
ゾォウロォンジイニィエンベェイ ［★☆☆］

重慶出身の革命家である鄒容（1885〜1905年）の記念碑。鄒容は重慶の日本領事館で英語、日本語を学び、1902年、日本に留学している（いち早く近代化を果たした日本で学んだ）。帰国後、共和国設立を訴える『革命軍』を出版して、清朝の怒りを買い、獄死した。この鄒容記念碑は1946年に建てられ、あたりには上半城と下半城を結ぶつづら折りの南区公園路が走っている。

# Guide, Cheng Shi Xi Fang
# 市街西部城市案内

毛沢東や周恩来ゆかりの地で
中国共産党にとって重要な意味をもつ紅岩
また仏図関は重慶西の防御拠点であった

**鵝嶺公園** 鹅岭公园
é lǐng gōng yuán アアリィンゴォンユゥエン ［★☆☆］

市街西部に位置し、重慶最高峰の鵝嶺（標高379m）を中心に広がる鵝嶺公園。1911年に李氏の私園である礼園（宜園）として整備されたのをはじまりとする。九重の「瞰勝楼」がそびえ、ここから見る重慶の夜景の美しさが知られる。1986年、日本の広島市は重慶市と姉妹都市となり、その縁で小さな茶室をもつ日本式庭園の広島園がある。

## 仏図関 佛图关 fú tú guān フウトゥグゥアン［★☆☆］

両江にはさまれた渝中半島の幅がもっとも狭くなり、市街最高峰379mの要地鵝嶺に立つ仏図関。近くには夜雨寺の七重の仏塔、磨崖仏像が位置し、干ばつのとき、ここで降雨を願う雨乞いの儀式が行なわれた。唯一、西側のみ陸続きの重慶では、こちらから攻め込まれるという弱点があり、そのため通遠門外に城塞の仏図関が築かれた（三国時代、李巖が重慶城をはじめて建てたときから、この地の重要性が認識されていた）。三重の関門となっていて、仏図関には常に兵士が待機して有事に備えていたが、明末の張献忠の反乱ではこの

### 【地図】渝中半島西部

## 【地図】渝中半島西部の [★★☆]
- ☐ 紅岩革命紀念館 红岩革命纪念馆 ホォンイェンガアミィンジイニィエングゥアン

## 【地図】渝中半島西部の [★☆☆]
- ☐ 鵝嶺公園 鹅岭公园 アアリィンゴォンユゥエン
- ☐ 仏図関 佛图关 フウトゥグゥアン
- ☐ 劉湘公館 刘湘公馆 リィウシィアンゴォングゥアン
- ☐ 大坪 大坪 ダアピィン
- ☐ 重慶天地 重庆天地 チョンチィンティエンディイ
- ☐ 長江 长江 チャアンジィアン
- ☐ 嘉陵江 嘉陵江 ジィアリィンジィアン

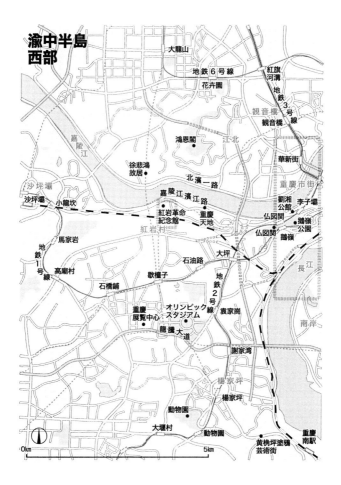

## CHINA
重慶

仏図関が陥落し、それは重慶の陥落も意味した。「仏図夜雨」は明の渝城八景、清の巴渝十二景でともに選ばれ、清代には仏図関と音が似ていることから、浮図関とも呼ばれた。

### 劉湘公館 刘湘公馆 liú xiāng gōng guǎn
### リィウシィアンゴォングゥアン [★☆☆]

重慶を拠点にした軍閥の劉湘(1888年～1938年)が暮らした劉湘公館。各地で軍閥が割拠するなか、1930年代には重慶を拠点とする劉湘、雅安を地盤とし塩税を手中にしていた劉文輝の対立が見られたが、1934年に劉湘が四川省を統一

した。劉湘が勝利したのは、重慶という商業都市を基盤とし、30あまりあった重慶の銀行と銭荘などの金融機関を影響下においたこと、経済政策の立案などで有能な官僚集団を抱えていたことがあげられる。南京の国民政府は劉湘を支持したが、1937年の政府機能の重慶移転にともなって劉湘は重慶の日本租界に遷り、日本軍人の保護を受けることになった。

**大坪** 大坪 dà píng ダアピィン ［★☆☆］
重慶市街部と郊外を結ぶ結節点にあたる大坪。重慶旧城にいたるには必ず通らなくてはならない場所で、清代の1768年

に9つの牌坊が建てられ、街が形成された（その後ふたつがなくなり、七牌坊といった）。新たに大型ショッピングモールが立つようになり、ひとつの商圏をつくっている。

**紅岩革命紀念館** 红岩革命纪念馆
**hóng yán gé mìng jì niàn guǎn**
**ホォンイェンガアミィンジイニィエングゥアン** ［★★☆］

1939～46年に中国共産党の出先機関である八路軍駐渝弁事処（軍）と中共中央南方局（政治）がおかれていた紅岩革命紀念館。国民党の陪都重慶にあって、重慶市街から10km離

▲左　紅岩村で共産党員たちは集団生活をした。　▲右　現在、紅岩革命紀念館として開館している

れたこの地で、周恩来、董必武、葉剣英、廖承志らが活動を行なった(国共内戦開始後の1947年に弁事処は閉鎖された)。日中戦争と続く国共内戦を勝利していく中国共産党の象徴的存在と見られ、1958年に紀念館として開館した。彫刻のモニュメントが立つ「紅岩塊広場」が入口付近にあり、紀念館は「紅岩魂展覧」、「千秋紅岩（中共中央南方局歴史暨文物陳列展）」「中国民主党派歴史陳列展」からなる。紅岩（紅岩嘴）という名前は、このあたりの赤色をした丹霞地層からとられている。

**CHINA**
重慶

### 紅岩村での生活

当初、中国共産党の拠点は、重慶市街の機房街 30 号におかれていたが、1939 年 5 月の日本軍による重慶大空襲で家屋が爆撃を受け、こちらに遷ってきた。ここ重慶郊外の化龍橋紅岩には、饒国模（1895〜1960 年）の大有農場（山間の広い果樹園）があり、付近には民家もまばらだったため、共産党の活動には都合がよかった。建物は南方局と弁事処の人たち自らが建て、周恩来も普段はここに住んでいた（また双十協定の交渉期間中、毛沢東もここ紅岩で暮らした）。あわせて 100 人あまりの人たちが暮らし、みなが同じものを食べ、

**CHINA**
重慶

野菜を栽培し、豚を飼って生活したという。

**重慶天地** 重庆天地
**chóng qìng tiān dì チョンチィンティエンディイ** [★☆☆]
嘉陵江河岸に立つビジネス、娯楽、レジャー、ショッピングモールからなる複合施設の重慶天地。高低差のある高低村落、文化劇場、レストランやショップ、オフィスが入居し、重慶の山水（吊脚楼）をとり入れた設計となっている。

# 重慶と巴蜀歩みの素描

CHINA
重慶

巴蜀こと重慶と成都は
かつて四川省そのものを指した
この地方を代表する都市の歩み

## 重慶のかんたんな歴史

今から200万年前、重慶東部の三峡地域に人類（巫山人）が暮らしていたという。周代、巴子国が重慶に江州をおき、紀元前316年、秦恵王はそれを滅ぼし、巴郡とした（戦国七雄や王朝が覇を競った中原にはほど遠い辺境の地だった）。北周（北朝）のときに巴県となり、隋代の581年に嘉陵江（渝水）の河畔にあることにちなんで渝州という街名になった。続く唐代に渝州から長江をくだった李白は、『峨眉山月歌』を詠っている。宋代、江南の発展とともに長江上流地域のこの街の交易、産業も活発化し、1189年、重慶府の治所となり、以後、

Chongqing City | 重慶と巴蜀歩みの素描

重慶という名前が定着した。明代の1371年に城壁がめぐらされ、朝天門をはじめとする碼頭と水路で各地との往来が盛んになった(また元末明初の明玉珍の夏、明末の張献忠の大西など王朝の都になり、こうした重慶の性格はのちの蒋介石時代まで続く)。戦乱で四川地域の人口が激減した清初、移民で巴蜀を埋める政策がとられ、湖南と湖北の人たちがこの地に移住してきた。その後、アヘン戦争後の1891年に開港され、長江を通じて内陸と沿岸部を結ぶ商業都市として繁栄するようになった。日中戦争がはじまると、蒋介石は都を内陸部の重慶に遷し、1937〜46年まで国民政府の陪都(臨時

**CHINA**
重慶

首都）がおかれている。一時的に直轄市だった 1949 〜 54 年をのぞいて重慶は長らく四川省の一部であったが、1997 年、北京、上海、天津とならぶ直轄市へ昇格した。現在は内陸部にありながら工業化の進んだ大都市として、西部大開発の拠点となっている。

### 成都と重慶

四川地方を代表する大都市の成都と重慶。成都が政治や行政の中心で、四川の治所は常に成都におかれたのに対して、重慶は長江を通じて各地に通じる商業都市という性格が強い

▲左　嘉陵江の対岸の江北も開発が進んでいる。　▲右　洪崖洞の内部、多くの人でにぎわっている

（成都は重慶のさらに上流にあり、内陸に入る）。成都には『三国志』（劉備玄徳や諸葛孔明）などの古い時代の観光地が残るが、重慶では蔣介石や周恩来といった近代以降の観光地が多く見られる。全人口では重慶市が多いが、都市に暮らす都市人口は成都が多い（重慶市は面積、人口ともに市として最大で、中規模程度の省と同等の規模をもつ）。計画的に街がつくられ、中国伝統の整然とした区画をもつ成都に対して、重慶は川の合流点という立地に、山状の地形を利用してつくられた。

**CHINA**
重慶

## 巴と巴文化

重慶の古名を意味する「巴」という漢字。この文字は、虫をかたどったものだとも、象を食べる蛇だとも、朝天門の先で川の水が渦を巻く様子だともいう(また巴はチワン語の魚のことだともいう)。古代、三峡あたりを出自とする巴族が重慶に移住してきたと言われ、船で暮らすこと、漁労を生業とすること、水上交易をすること、というように水と深い関係をもつ人たちだった(成都の蜀とは異なる文化をもっていた)。巴の区域は、広くは東は三峡、南は貴州、西は宜賓、北は四川省北部にまでおよび、重慶や四川は中国ではもっと

Chongqing City | 重慶と巴蜀歩みの素描

も鵜飼の盛んな地方で、死者は船のかたちをした棺におさめられた。

## 参考文献

『重慶 山と水に映える都市の姿 火鍋と味わう情熱的文化』（于文 / 人民中国）
『成都・重慶物語』（筧文生 / 集英社）
『古城重慶』（彭伯通 / 重庆出版社）
『1937-1949年重庆城市建设与规划研究』（谢璇 / 中國建筑工业出版社）
『学生が見た重慶社会：企業活動・都市生活・農村社会』（愛知大学現代中国学部中国現地研究調査委員会編 / 愛知大学）
『重庆深度游 Follow me』（《亲历者》编辑部编著 / 中国铁道出版社）
『周恩来伝 1898-1949』（金冲及主編・狹間直樹監訳 / 阿吽社）
『日中戦争期の重慶における中国ムスリム団体の宗教活動とその特徴』（矢久保典良 / 史學）
『近代中国における経済制度の再検討』（林幸司 / 成城大学経済研究）
『1930年代重慶における銀行設立ブームと「銀行業界」の形成』（林幸司 / 中国経済研究）
『重慶の歴史と文化』（管維良・水盛涼一 / 東北学院大学論集）
『老舎の家族：重慶行を中心にして』（柴垣芳太郎 / 龍谷紀要）
『清代後期における重慶府巴県の寺廟と地方社会』（水越知 / 史林）
『中国における日本租界』（大里浩秋・孫安石編著 / 御茶の水書房）
『重慶論』（谷水眞澄 / 日本青年外交協會）

『重慶大爆撃の研究』（潘洵 / 岩波書店）

『国泰大戯院 − 郭沫若『屈原』を上演した劇場』（瀬戸宏 / 日本郭沫若研究会会報）

『宋慶齢』(イスラエル・エプシュタイン・久保田博子訳 / サイマル出版会)

『重庆老城』（何智亚 / 重庆出版社）

『重庆湖广会馆』（何智亚 / 重庆出版社）

『世界大百科事典』（平凡社）

重慶スタイル（ジェトロ）https://www.jetro.go.jp/ext_images/jfile/report/07001296/7_whole_131209.pdf

重庆市旅游网 http://www.cqslyw.com/

重庆渝中旅游网 http://www.yzta.gov.cn/

重庆红岩联线文化发展管理中心 http://www.hongyan.info/

［PDF］重慶地下鉄路線図

http://machigotopub.com/pdf/chongqingmetro.pdf

［PDF］重慶空港案内

http://machigotopub.com/pdf/chongqingairport.pdf

［PDF］重慶 STAY（ホテル＆レストラン情報）

http://machigotopub.com/pdf/chongqingstay.pdf

# まちごとパブリッシングの旅行ガイド

Machigoto INDIA , Machigoto ASIA , Machigoto CHINA

## 【北インド - まちごとインド】

001 はじめての北インド
002 はじめてのデリー
003 オールド・デリー
004 ニュー・デリー
005 南デリー
012 アーグラ
013 ファテープル・シークリー
014 バラナシ
015 サールナート
022 カージュラホ
032 アムリトサル

## 【西インド - まちごとインド】

001 はじめてのラジャスタン
002 ジャイプル
003 ジョードプル
004 ジャイサルメール
005 ウダイプル
006 アジメール（プシュカル）
007 ビカネール
008 シェカワティ
011 はじめてのマハラシュトラ
012 ムンバイ
013 プネー
014 アウランガバード
015 エローラ
016 アジャンタ
021 はじめてのグジャラート
022 アーメダバード
023 ヴァドダラー（チャンパネール）
024 ブジ（カッチ地方）

## 【東インド - まちごとインド】

002 コルカタ
012 ブッダガヤ

## 【南インド - まちごとインド】

001 はじめてのタミルナードゥ
002 チェンナイ
003 カーンチプラム
004 マハーバリプラム
005 タンジャヴール
006 クンバコナムとカーヴェリー・デルタ
007 ティルチラパッリ
008 マドゥライ
009 ラーメシュワラム
010 カニャークマリ
021 はじめてのケーララ
022 ティルヴァナンタプラム
023 バックウォーター（コッラム〜アラップーザ）
024 コーチ（コーチン）
025 トリシュール

## 【ネパール - まちごとアジア】

001 はじめてのカトマンズ
002 カトマンズ
003 スワヤンブナート

004 パタン
005 バクタプル
006 ポカラ
007 ルンビニ
008 チトワン国立公園

## 【バングラデシュ - まちごとアジア】

001 はじめてのバングラデシュ
002 ダッカ
003 バゲルハット（クルナ）
004 シュンドルボン
005 プティア
006 モハスタン（ボグラ）
007 バハルプール

## 【パキスタン - まちごとアジア】

002 フンザ
003 ギルギット（KKH）
004 ラホール
005 ハラッパ
006 ムルタン

## 【イラン - まちごとアジア】

001 はじめてのイラン
002 テヘラン
003 イスファハン
004 シーラーズ
005 ペルセポリス
006 パサルガダエ（ナグシェ・ロスタム）
007 ヤズド
008 チョガ・ザンビル（アフヴァーズ）
009 タブリーズ

010 アルダビール

## 【北京 - まちごとチャイナ】

001 はじめての北京
002 故宮（天安門広場）
003 胡同と旧皇城
004 天壇と旧崇文区
005 瑠璃廠と旧宣武区
006 王府井と市街東部
007 北京動物園と市街西部
008 頤和園と西山
009 盧溝橋と周口店
010 万里の長城と明十三陵

## 【天津 - まちごとチャイナ】

001 はじめての天津
002 天津市街
003 浜海新区と市街南部
004 薊県と清東陵

## 【上海 - まちごとチャイナ】

001 はじめての上海
002 浦東新区
003 外灘と南京東路
004 淮海路と市街西部
005 虹口と市街北部
006 上海郊外（龍華・七宝・松江・嘉定）
007 水郷地帯（朱家角・周荘・同里・甪直）

## 【河北省 - まちごとチャイナ】

001 はじめての河北省
002 石家荘
003 秦皇島
004 承徳
005 張家口
006 保定
007 邯鄲

## 【江蘇省 - まちごとチャイナ】

001 はじめての江蘇省
002 はじめての蘇州
003 蘇州旧城
004 蘇州郊外と開発区
005 無錫
006 揚州
007 鎮江
008 はじめての南京
009 南京旧城
010 南京紫金山と下関
011 雨花台と南京郊外・開発区
012 徐州

## 【浙江省 - まちごとチャイナ】

001 はじめての浙江省
002 はじめての杭州
003 西湖と山林杭州
004 杭州旧城と開発区
005 紹興
006 はじめての寧波
007 寧波旧城
008 寧波郊外と開発区
009 普陀山
010 天台山
011 温州

## 【福建省 - まちごとチャイナ】

001 はじめての福建省
002 はじめての福州
003 福州旧城
004 福州郊外と開発区
005 武夷山
006 泉州
007 廈門
008 客家土楼

## 【広東省 - まちごとチャイナ】

001 はじめての広東省
002 はじめての広州
003 広州古城
004 天河と広州郊外
005 深圳（深セン）
006 東莞
007 開平（江門）
008 韶関
009 はじめての潮汕
010 潮州
011 汕頭

## 【遼寧省 - まちごとチャイナ】

001 はじめての遼寧省
002 はじめての大連
003 大連市街
004 旅順
005 金州新区

006 はじめての瀋陽
007 瀋陽故宮と旧市街
008 瀋陽駅と市街地
009 北陵と瀋陽郊外
010 撫順

### 【重慶 - まちごとチャイナ】

001 はじめての重慶
002 重慶市街
003 三峡下り（重慶〜宜昌）
004 大足
005 重慶郊外と開発区

### 【香港 - まちごとチャイナ】

001 はじめての香港
002 中環と香港島北岸
003 上環と香港島南岸
004 尖沙咀と九龍市街
005 九龍城と九龍郊外
006 新界
007 ランタオ島と島嶼部

### 【マカオ - まちごとチャイナ】

001 はじめてのマカオ
002 セナド広場とマカオ中心部
003 媽閣廟とマカオ半島南部
004 東望洋山とマカオ半島北部
005 新口岸とタイパ・コロアン

### 【Juo-Mujin（電子書籍のみ）】

Juo-Mujin 香港縦横無尽
Juo-Mujin 北京縦横無尽
Juo-Mujin 上海縦横無尽
Juo-Mujin 台北縦横無尽
見せよう！デリーでヒンディー語
見せよう！タージマハルでヒンディー語
見せよう！砂漠のラジャスタンでヒンディー語

### 【自力旅游中国 Tabisuru CHINA】

001 バスに揺られて「自力で長城」
002 バスに揺られて「自力で石家荘」
003 バスに揺られて「自力で承徳」
004 船に揺られて「自力で普陀山」
005 バスに揺られて「自力で天台山」
006 バスに揺られて「自力で秦皇島」
007 バスに揺られて「自力で張家口」
008 バスに揺られて「自力で邯鄲」
009 バスに揺られて「自力で保定」
010 バスに揺られて「自力で清東陵」
011 バスに揺られて「自力で潮州」
012 バスに揺られて「自力で汕頭」
013 バスに揺られて「自力で温州」
014 バスに揺られて「自力で福州」
015 メトロに揺られて「自力で深圳」

【車輪はつばさ】
南インドのアイラヴァテシュワラ寺院には建築本体に車輪がついていて寺院に乗った神さまが人びとの想いを運ぶと言います。

・本書はオンデマンド印刷で作成されています。
・本書の内容に関するご意見、お問い合わせは、発行元の
　まちごとパブリッシング info@machigotopub.com までお願いします。

まちごとチャイナ
## 重慶002重慶市街
～「崖の上」の摩天楼へ [モノクロノートブック版]

2018年10月19日　発行

| | |
|---|---|
| 著　者 | 「アジア城市（まち）案内」制作委員会 |
| 発行者 | 赤松　耕次 |
| 発行所 | まちごとパブリッシング株式会社<br>〒181-0013　東京都三鷹市下連雀4-4-36<br>URL http://www.machigotopub.com/ |
| 発売元 | 株式会社デジタルパブリッシングサービス<br>〒162-0812　東京都新宿区西五軒町11-13<br>清水ビル3F |
| 印刷・製本 | 株式会社デジタルパブリッシングサービス<br>URL http://www.d-pub.co.jp/ |

MP203

ISBN978-4-86143-341-2 C0326　　　Printed in Japan
本書の無断複製複写 (コピー) は、著作権法上での例外を除き、禁じられています。